高等院校“十三五”应用型艺术设计教育系列规划教材

新媒体广告创意与设计

主　编　魏　星　李　庆　邓　东
副主编　袁江洁　鲍仕莲　吕　杰

合肥工業大學出版社

前言

新媒体时代，我国文化创意产业呈现大发展、大繁荣的良好态势，将成为我国重要的支柱产业之一。作为文化创意产业的重要组成部分，我国广告业也迎来了从低端向高端过渡的重要时期，其中创意水平的提升，直接关系着广告行业的升级换代。我国已经从战略层面认识到文化创意产业的重要性，这是一个顺应时代发展趋势的新兴产业。

创意如此重要，那么广告创意不仅仅表现在广告作品上，也表现为一种传播过程，广告人也将从创意的执行者转变为创意的组织者、创造者。好的创意，简单说就是令人耳目一新的创意，令人过目不忘的画面，画面的执行和表达都有惊人的效果。

众所周知，广告业是一个强调创意的行业，但广告业其实是一个相对保守的行业。百年来，广告业运作的基本模式并没有改变。目前，广告创意正从广告作品的范畴，向广告业运作模式的范畴转变。这一从小到大的转变关系到广告业的升级转型。

在数字传播的网络化时代，广告处于一个动态的发展过程，其存在形式发生了某种蜕变。以网络广告为代表的新媒体广告已经发生了某种形态变异，它完全不同于传统广告的传播方式。传统广告传播形态表现为一个“推”的动作，即通过各种媒介宣传，把商品和服务信息“推”到消费者面前。新媒体广告的传播形态则更多体现在“拉”的动作上，即通过提供可选择的、有价值的信息，把消费者吸引过来。今后，广告人不仅要进行广告作品的创意制作，也要把创意运用于各种新媒体平台上商业资讯的整合化营销运作中。这要求广告人要从过去的小智慧运用转向大智慧的发展。在数字传播的网络化时代，能否综合运用各种营销平台，有效运作产品和服务信息的营销，将是衡量广告创意好坏的标准。

由于本人水平有限，书稿中难免存在一定的不足，希望广大读者多提宝贵意见，以便我们不断改进和完善。

编　者

2019年7月

目录

第一章　新媒体与新媒体广告概述……001

第一节　新媒体的概念与发展……001
第二节　新媒体对广告的影响……004
第三节　新媒体广告的概念、分类与特征……006

第二章　新媒体广告创意……011

第一节　新媒体广告创意概述……011
第二节　新媒体广告文案创意……016
第三节　平面类新媒体广告创意探析……021
第四节　视听类新媒体广告创意探析……024
第五节　互动类新媒体广告创意探析……026

第三章　广告创意思维的形态……035

第一节　创新性是广告创意思维的先导……035
第二节　逻辑性是广告创意思维的深化……036
第三节　联想是广告创意空间的拓展……038
第四节　幽默是广告创意戏剧性手法的运用……040

第四章　新媒体时代网络广告中的视觉传达设计研究 ……045

第一节　网络广告概述 ……045

第二节　新媒体时代网络广告的视觉语言元素 ……049

第三节　新媒体时代网络广告的视觉传达设计 ……058

第五章　广告创意的流程及策略 ……063

第一节　广告创意的一般过程 ……063

第二节　经典的广告创意流程 ……069

第三节　广告创意的策略 ……070

第六章　新媒体公益广告的创意 ……077

第一节　当前公益广告创意综述 ……077

第二节　新媒体对公益广告创意的影响 ……079

第七章　新媒体环境下App广告的创意要素 ……081

第一节　基点与起点：一种新型广告形式的诞生 ……081

第二节　分析与归纳：新媒体环境下的App广告创意要素 ……086

第八章　新媒体时代互动广告创意策略 ……090

第一节　新媒体时代互动广告的发生与发展 ……090

第二节　新媒体时代互动广告创意策略形式 ……091

第三节　新媒体时代下互动广告创意策略存在的问题 ……094

第九章　新媒体时代下平面商业广告的创新性 ……097

第一节　新媒体商业广告创意概述 ……097

第二节　新媒体平面商业广告的创意设计 ……098

第三节　平面商业广告的新媒体创意设计发展趋势 ……100

参考文献 ……103

1 第一章　新媒体与新媒体广告概述

第一节　新媒体的概念与发展

一、新媒体的概念

对于新媒体的界定，学术界可谓众说纷纭，至今还没有严格而统一的定论。现在的期刊经常会出现新媒体的字眼，但在新媒体标题下所刊载的内容却不尽相同。有人说新媒体应该是数字电视、移动电视、手机媒体、IPTV等，也有人把博客、播客、QQ空间、微信公众号、直播平台，甚至朋友圈、各种社交App等自媒体也列入新媒体。那么，到底什么是新媒体?

其实，新媒体是相对于传统媒体而言的，新媒体是一个不断变化的概念。所说的时间起止点不一样，新媒体的范围也就不太相同，因此新媒体是一个相对的概念，“新”是相对于“旧”而言的。在今天，有些学者认为我们的媒体在网络基础上又有延伸，无线移动的应用以及出现的其他的新媒体形态，跟计算机相关的，这都可以说是新媒体。也有专家提出，只有媒体构成的基本要素有别于传统媒体，才能称得上是新媒体。目前，学界较为典型的说法包括以下几种。

清华大学熊澄宇教授指出，今天的新媒体主要指在计算机信息处理技术基础上产生和影响的媒体形态，包括在线的网络媒体和离线的其他数字媒体形式。

中国人民大学匡文波教授认为，新媒体是在报刊、广播、电视等传统媒体以后发展起来的新的媒体形态，包括网络媒体、手机媒体、数字电视等。新媒体亦是一个宽泛的概念，是利用数字技术、网络技术，通过互联网、宽带局域网、无线通信网、卫星等渠道，以及电脑、手机、数字电视机等终端，向用户提供信息和娱乐服务的传播形态。严格地说，新媒体应该被称为数字化新媒体。

基于上述观点，本书采用“有别于传统媒体”的反向规划方法给出新媒体的概念，即我们所讨论的新媒体是相对于传统意义上的报刊、广播、电视等大众传播媒体而言的，在新的技术支撑体系下出现的媒体形态，如以数字传输为基础、可实现信息及时互动的媒体形式，其终端显现为网络链接的计算机、手机、电视等。

二、新媒体传播的特征

较之于传统媒体，新媒体自然有它自己的特征。有学者认为，相对于旧媒体，新媒体的第一个特点是它的消解力量——消解传统媒体（电视、广播、报纸、通信）之间的边界，消解国家之间、社群之间、产业之间的边界，消解信息发送者与接收者之间的边界，等等。

还有学者指出，新媒体可以与受众真正建立联系，并且它还具有交互性和跨时空的特点。同时，新媒体给媒体行业带来了许多新的理念和模式，如节目专业化越来越强、卖方市场转向买方市场等。

与传统媒体相比，以新技术为基础的新媒体拥有一些传统媒体无法比拟的优势特征。从传播信息形式看，新媒体能充分发挥互联网、无线通信网络的技术优势，融合多媒体、动画、互动技术、数字内容等多种信息形式，信息的实时性、灵活性和丰富程度都高于传统媒体。从信息传播的状态看，新媒体可以实现“多对多”的信息传播模式，通过互联网、手机短信等新媒体方式，任何人都可以经济而便捷地以众多形式向他人传播信息，且信息反馈及时便捷。从传播受众看，新媒体的受众群体从大众转向小众。新媒体被称为细分媒体，可以通过技术手段、传播模式等方式针对特定受众进行信息传播。

综上所述，我们可以将新媒体传播的特征归纳为以下几点。

（一）表现形式多样性和主动性增强

随着多媒体技术的发展，互联网在表现形式上可以做到融合报纸、广播、电视的各种表现手段，成为一种丰富的多媒体，传播行为也将更加自由。传播者与信息接受者之间的界限不再分明，接收受众信息的主动性也大大增强。通过撰写微博、开通直播、发起网络群聊或朋友圈，任何人都可以在“任何时候、任何地点、对任何人”进行信息传播，传统主流媒体的话语权壁垒得以突破。

（二）传播更为个性化

不同于传统媒体信息生产的模式化与大众化，新媒体针对大众需求提供个性化的内容。比如微博、直播等新的传播方式，其传播过程强调信息传播者和信息接受者的平等交流，使得每一个人都能成为信息的发布者，个性地表达自己的观点，传播自己关注的信息。

“多对多”的信息交流方式使得传播内容与传播形式等完全是“我的地盘我做主”。不过个性化的传播方式，一方面让众人体会着发布信息、影响他人的快感，另一方面也带来了个人隐私泛滥、内容良莠不齐的弊端，为管理带来困难，也对受众的信息选择能力提出了更高的要求。

（三）接受方式从固定向移动转变

无线移动技术的发展使得新媒体具备移动性的特征，用手机上网、看电视、听广播，在公交车、出租车上看电视等成为越来越普遍的事情。随着4G技术的普遍应用和5G技术的推广，移动性的特点将成为未来新媒体的主要特性。

导致媒体移动化的最重要因素来源于人们对摆脱束缚、实现自由的强烈渴望，移动通信使人们摆脱“固定”的束缚，获得联系的便利和自由。新媒体的发展从PC、笔记本终端走向手机终端，网络视频、微博、短视频等新媒体，从固定走向移动化。

（四）传播速度实时化

技术的简单便捷使得新媒体可以在全球实现实时信息传播，而不再需要复杂的剪辑和烦琐的后期制作与排版。这一优势是任何传统媒体都无法比拟的。目前一些大的门户网站基本上都可以实现视频、音频的实时传播，时空的距离被缩到最小。

（五）实现单一到交融

与传统媒体相比，新媒体在传播内容方面更为丰富，文字、图像、声音等多媒体化成为一种趋势。与此同时，交融性可以表现在终端方面。例如，一部手机不仅可以用来通话、发短信，同时还可以用来听广播、看电视、上网，多种媒体的功能集合为一体，而这些功能的实现是以互联网、通信网、广播电视网等多种网络的融合为基础的。

新媒体的交融还体现为全球化与无国界。例如，互联网从一开始诞生就是一个全球媒体。原则上，只要不存在语言的障碍，你可以在世界上的任何地方看到该网站。全球化不再只是一个简单的名词，而是实实在在的现实。

（六）传播方式从单向转变为双向

传统媒体的传播方式是单向、线性、不可选择的，传播者具有较强的垄断性和控制权。它集中表现为在特定的时间内，由信息发布者向受众传播信息，受众被动地接受，没有信息的反馈。这种静态的传播方式使得信息不具有流动性。

而新媒体的传播方式是双向的，传统的发布者和受众现在都成了信息的发布者，而且可以进行互动。比如，北京交通广播电台这两年发展非常好，一个重要的原因就在于通过短信这种方式加强和受众的互动，使得信息变得更有价值，同时，听众也强烈地体会到一种参与感，主动性和积极性被极大地调动起来。信息的互动性也使得受众实现了从被动到主动的改变。

以上是目前新媒体的一些共同特征。新浪网副总编孟波先生曾这样概括新媒体的传播特征。

1. 全时传播

信息传播的时效性有四个发展阶段：定时、即时、实时、全时。其中，全时传播指的是信息随时可以进行发布。

2. 全域传播

地域和空间限制越来越少，只需要设备和传输信号就可以发布信息。

3. 全民传播

传播不再是宣传部门、媒体单位的事情，每一位民众都可以参与其中，谁都可能是记者或编辑。

4. 全媒体传播

传播信息不单是文字或者图片，还附有音频、视频等多触觉通道。

5. 全渠道传播

客户端多样化，比如计算机、手机、短信等都可以进行信息发布。

6. 全互动传播

新闻的线索搜集、采访、发行等一系列活动，所有用户都有机会参与进去，并且可以在事后发表评论。

7. 去中心化传播

不存在类似于“头版头条”这样的状况，不同的受众可以选择出很多主题进行讨论。这也从一个侧面反映出新媒体使新闻多元化。

8. 去议程设置传播

信息传播不再是比较固定的用词模式，不同的消息发布人可以使用自己的语言习惯进行传播。

9. 自净化传播

虽然在新媒体的传播过程中，负面信息的传播面积是正面信息的4倍，但是一般小道消息都会有相关人员出面澄清，所以造成的影响基本不大。

第二节　新媒体对广告的影响

一、广告媒体形态的演变

媒体的演变依靠着科技的进步，受到政治、经济、文化等因素的影响。广告形式与媒体形态具有同一性，媒体是广告宣传的平台，而广告是媒体的承载内容之一。所以整个媒体形态的演变也包含着广告媒体的流变，从漫长的历史过程上来看，它们是共进退的。

（一）媒体形态演变的原因

1. 政治需求

媒体历来都是统治者的重要传播工具，媒体的每一个发展阶段都反映着政治发展的不同需求，媒体和政治之间的关系十分密切。俗话说媒体是“政府的喉舌”，总体而言，媒体的演进与政治社会的发展呈现互动关系。媒体与政治之间密切的联系深刻体现在政治传播中，例如，大众媒体在建构良好的政府形象和现代政党选举中也具有极为重要的作用，如大众媒体在美国总统选举中逐渐发展到登峰造极的地步，总统竞选运动日益成为典型的媒体事件。

2. 经济需求

所有的上层建筑都取决于经济基础，媒体形态的物质基础当然也是经济基础。随着经济的发展，更好的经济条件为新媒体的诞生提供了必要的物质保障。经济基础决定上层建筑，每个时代经济的发展都对媒体形态提出了更高的要求，经济的有利条件促使更高级的媒体形态不断出现，而更符合经济需求的媒体在一定程度上又促进了经济的发展。

3. 技术进步

科学技术的进步从根本上支撑和推动了媒体的发展，使每个重要的技术革命时期都出现了相应的新传媒技术。现代印刷的出现产生了现代意义上的报纸广告；电子技术的发展促使电子媒体的出现，使媒体形态发生划时代的变化；无线电广播技术的出现成就了无线电广播的诞生；图像传播技术令电视媒体出现并迅速普及；以计算机和通信技术为基础的网络技术的出现催生了网络媒体，使人类的思维方式和信息消费方式发生了重大变化。

4. 受众需求

在各种媒体趋于融合的时代，媒体不仅需要深度解读受众的生活形态和行为轨迹，更加需要关注受众的需求和偏好，使媒体按照受众的需求轨迹定义媒体形态。新媒体使大众潜在的传播需求可以较为经济地得到满足，这也是即时通信、微信、微博、直播平台、短视频等大行其道的原因。

（二）广告媒体形态演变的过程

在工业革命的大背景下，西方广告业有了更为先进的传播手段，并随着广告传播范围的空前扩大而一扫之前缓慢发展的态势，实现了飞跃。在中国，报纸等文字印刷媒体已有两千多年的历史。印刷媒体要求高认知度与高注意度，再加之印刷难以完美，表现形式单一，广告形式在文字印刷媒体形态中还有很大的局限性。1858年，横跨大西洋海底的电缆竣工使接近于实时传播速度的远距离信息传递变成了现实。继印刷媒体之后，我们的社会迎来了电子媒体的时代。通过传送声音或图像，广告在电子媒体广泛应用之初就得到了质的改善。

纵观广告媒体形态演变的过程，无论是在广播、电视，还是在互联网，抑或是在网络平台上催生的其他新兴媒体，如今媒体融合时代的种种诱因刺激着广告形式正在不断发生改变。以互联网为首的新媒体正以一种前所未有的姿态接纳其他媒体形态的加入，网络不仅承载起报纸、广播和电视的功能，还能实现广播、电视、网络的“三网融合”。将来不仅能够实现不同媒体在现实中的共存，也将达到真正的媒体融合。

（三）新媒体在广告运动中的融合作用

相较于传统媒体，新媒体在广告运动中的融合性更强，比如受众看到广告信息后可以马上登录该网站或直接运用搜索引擎寻找该产品的任何信息，从而做出反馈，甚至在查阅后就利用手机媒体进行购买。

新媒体的广告发布具有战略性的思维，融合了包括阶段性的、以实现营销目标为主的整合营销传播（IMC）所涉及的各类信息。利用一些成本较低而小众灵活的新媒体形式，比如建设普通的企业形象信息网站、销售商网站等，或者结合手机媒体进行宣传，企业既可以达到眼前的促销功效，还具有从长远着眼的品牌形象建设的意义。

此外，新媒体互动性的突出作用使广告运动环节的最后一环——消费者能够对广告主进行直接的反馈。在新媒体融合的条件下，由于广告信息的发布与受众的互动性增强，大大拓宽了受众进行产品反馈的渠道，消费者可以通过关键字、超链接等方法将单个商品的局部特征扩大到整个商品的完整形态，进而延伸到整个品牌的形象以及相关信息。在数字信息技术日益发达的今天，通过这样的信息服务整合，消费者对产品信息的反馈已完全成为真正双向的、互动的、参与式的、整体性的沟通行为。

二、新媒体广告行业的发展趋势

（一）向专业化、多元化方向发展

广告市场专业化，就是指要有鲜明的行业背景和明确的市场定位，形成广告服务的独特性。每个广告公司都应该基于专业化服务，拥有自己特定的行业范围，这是未来广告公司发展的必由之路。

（二）服务内容向纵深延展

随着手机上网、数字有线电视、移动多媒体平台等多种终端设备的出现，新的传播媒体不断普及，业务功能不断延伸，对广告传播提出了新的要求。在新媒体环境下，广告与营销的界限越来越模糊，传播的门槛降低，传播的内容海量化，许多广告公司开始向顾问咨询型公司转变。目前，部分广告公司开始更多地介入企业的营销和管理领域，或者在继续提供传统广告业务的同时，进入企业的产品研发、通路设计、品牌管理等领域，或者直接选择营销及广告运作的前端（咨询、策划等），它们中的多数已经不再介入末端的具体执行（制作、发布等）。由于专业化分工，出现了营销策划型、客户代理型、媒体代理型、专业制作型、技术服务型、信息咨询型、综合服务型等专业公司。

（三）品牌一体化服务公司崛起

伴随着市场经济的发展，人们的生活水平不断提高，逐渐形成了讲究生活品质的观念，这为品牌一体化服务公司的“出生”提供了丰富的“营养”。未来的品牌一体化服务公司重视形成差异化的优势，追求长期的广告效果，以建立和发展品牌为广告服务的目标。典型的说法就是“品牌管家”，广告公司的价值是提升产品为品牌，这样的广告公司在客户的眼中具有不可替代的高价值的地位。

第三节　新媒体广告的概念、分类与特征

一、新媒体广告的概念

（一）新媒体广告概念及内涵的演变

广告最早的意思是“印在纸上的推销术”，其内涵一直与时俱进地演变着。我国2015年修订的《广告法》第二条规定：“在中华人民共和国境内，商品经营者或者服务提供者通过一定媒介和形式直接或者间接地介绍自己所推销的商品或者服务的商业广告活动，适用本法。”

基于以上的广告概念，我们能够得出广告的共同内涵：广告必须有可识别的广告主；广告主在一定程度上控制着广告活动；广告通过一定的媒介进行传播；广告所传播的不单单是关于有形产品的信息，还包括关于服务和观念的信息；广告（一般指商业广告）是有偿的；广告是由一系列有组织的活动构成的；广告是劝服性的信息传播活动。

新媒体的互动性，决定了不仅受众可以选择广告信息，广告主更可以利用便捷的自媒体自主传播广告信息，从而使新媒体双向对称的传播特性得以凸显。

新媒体的受众主动性，为广告主提供了自主、便捷地传播广告信息的条件，这些广告信息不仅包括直接的、功利的产品信息，还包括突出广告主良好形象的品牌信息。新媒体催生了多方面“品牌传播”。

（二）新媒体广告

相对于传统广告，越来越多的人开始关注新媒体广告的概念。我国最早将“新媒体”与“广告”相结合的是北京大学陈刚教授，他在针对网络时代的广告进行系统研究的时候看到广告已然发生了改变。虽然并未真正直接提出“新媒体广告”，但是他将最具新媒体代表性的互联网与广告进行了联系，提出了“后广告”的概念。2007年，我国明确提出“新媒体广告”概念的文章开始陆续出现，如舒咏平的《新媒体广告趋势下的广告教育革新》、刘国基的《新媒体广告产业政策的应对》。

结合上述内容，本书将新媒体广告定义为：新媒体广告是指以数字化技术为基础的，区别于传统媒体的，建立在具有即时互动、多种传播形式与内容形态的多媒体平台上，并且可以不断更新的、有利于广告主与受众进行信息沟通的品牌传播行为与形态。

二、新媒体广告的类型

目前新媒体本身的种类繁多，而新媒体广告以新媒体为平台，所以新媒体广告的类型至今也没有统一的标准。其实，对于新媒体广告类型的划分，依据不同，划分出的类型也就不尽相同。

（一）以广告信息的识别度来划分

1. 硬广告

在硬广告的情形下，企业或品牌把纯粹的带有产品（品牌）信息的内容直接地、强制地向受众宣传。其特点是目的的单一性、传播的直接性和接受的强制性。传统意义上的网络广告和多媒体广告都应属于硬广告这一大类别。目前，新媒体硬广告可分为品牌广告（利用新媒体，以提升品牌形象和品牌知名度为目的）、产品广告（利用新媒体，以提升品牌和产品认知度、驱动购买为目的）、促销广告（利用新媒体，以刺激消费者购买、提高市场渗透率为目的）、活动信息广告（利用新媒体，以告知消费者促销信息为目的）等。

其中，品牌广告中的品牌图形广告是品牌新媒体营销传播的重要形式，主要投放在综合门户网站、垂直类专业网站上，其功能是增强品牌广告的曝光率。品牌图形广告是一个较为宽泛的定义，根据其位置和形式，可以具体分为横批广告、按钮广告、弹出广告、浮动标示（流媒体广告）、“画中画”广告、摩天楼广告、通栏广告、全屏广告、对联广告、视窗广告、导航条广告、焦点幻灯广告、弹出式广告和背投广告等多种。

2. 软广告

在软广告的情形下，企业将产品（品牌）信息融入新闻宣传、公关活动、娱乐栏目、网络游戏等形式的传播活动中，使受众在接触这些信息的同时，不自觉地也接受到商业信息。软广告具有目的的多样性、内容的植入性、传播的巧妙性、接受的不自觉性等特点。新媒体中的软广告主要以植入式广告为主。按照广告植入平台类型的不同，新媒体软广告又可分为视频植入广告、游戏植入广告等。

视频植入广告。视频植入广告的手段运用得最为纯熟。在视频中最常见的广告植入有产品植入（包括产品名称、标志、产品包装等）、品牌植入（包括品牌名称、LOGO、品牌包装、专卖店或者品牌广告语、品牌理念等）、企业符号植入（包括企业场所、企业家、企业文化、企业理念、企业精神、企业员工、企业行为识别等）。

游戏植入广告。游戏植入广告（In-Game advertising，IGA），是在游戏中出现的商业广告。它以游戏的用户群为目标对象，依照固定的条件，在游戏某个适当的时间和某个适当的位置中出现。

（二）以新媒体广告的形态来划分

随着新媒体广告的日益成熟，本书按照媒体形态整体性来划分，从用户使用较多的媒体大类出发，将新媒体广告分为以下几类。

1. 数字电视广告

数字电视（DTV），指从电视节目采集、录制、播出到发射、接收全部采用数字编码与数字传输技术的新一代电视，是在数字技术基础上把电视节目转换成为数字信息，以码流形式进行传播的电视形态。数字电视广告则是依附于数字技术，在数字电视这一媒体形态上传播的广告。

2. EPG 广告

EPG即电子节目菜单，EPG广告即运营商在EPG的各个界面上发布的广告。EPG是所有的数字电视用户必须操作的界面。它具体又包括：

（1）开机画面广告

开机画面广告，是所有数字电视用户打开机顶盒之后显示在电视机上的全屏画面。大小为全屏；形式为GIF图片或HTM格式；广告时间在开机后播放；广告长度为3至5秒。

（2）主服务菜单广告（门户广告）

主服务菜单广告可出现在EPG主服务菜单的任意位置，用户进行EPG操作时即可接触到广告信息。大小为1/4屏左右；形式为图片格式；广告时间为用户进行EPG主菜单操作时间；广告长度依用户操作时间长短不等来确定。

（3）频道列表广告

频道列表广告可出现在EPG频道列表菜单的任意位置，用户通过EPG转换频道时即可接触到广告信息。大小为1/4屏左右；形式为图片格式；广告时间为用户进行EPG频道操作时间；广告长度依用户操作菜单时间长短不等来确定。

（4）节目预告广告

节目预告广告可出现在EPG节目预告菜单的任意位置，用户通过EPG浏览节目预告时即可接触到广告信息。大小为1/4屏左右；形式为图片格式；广告时间为用户选择EPG节目预告时间；广告长度依用户操作菜单时间长短不等来确定。

3. 互动广告

互动广告与传统广告有很大区别，它添加了更多的互动元素，可以让用户更主动地接触广告信息。互动广告的形式是用户在正常收看电视节目的同时，电视屏幕上出现一个广告角标。用户如对信息感兴趣，可通过遥控器激活更多的广告信息。

4. 手机广告

随着智能手机的普及以及4G时代的到来，各种多媒体形式也将充分展现在手机媒体上，基于此，广告在手机这一媒体上就有了大展身手的空间。简单来讲，手机广告就是通过手机来做的广告。手机广告的实现主要依赖于网络技术的实现，实际上就是一种互动式的网络广告，它具有网络媒体的一切特征，同时比互联网更具优势，因为唯一与受众24小时亲密接触的媒体平台是手机。

手机广告的一大优势在于广告发布与销售渠道可以同步完成，用户看到视频或者图片的广告产品后，如果感兴趣就可以直接拨打销售电话、发送订购信息甚至直接采用手机支付。

5. 基于移动网络技术的户外新媒体

多媒体移动广告面向移动终端（手机、笔记本、PDA、MP4等），以广播方式传送广播电视信号，技术实现方式为卫星覆盖、地面补点。结合地面数字技术，我们的广告形式摆脱了静止的人群，依附在各种交通设施上追随着忙碌的移动大军，从而使移动媒体（移动电视、车载电视、地铁电视等）也成为户外广告投放的主要形式。

三、新媒体广告的特征

新媒体广告的特征在很大程度上依赖于新媒体的特征，新媒体相对于传统媒体具有多种传播优势，因此，新媒体广告相对于传统广告来讲也具有自己新的特征。

（一）新媒体广告的基本特征——交互性

以最具代表性的新媒体——互联网来说，互联网上的广告的互动性传播方式比传统广告更为有效，广告内涵也得到了新的扩展。广告信息发送者和接受者在网络传播中实现即时的双向互动。这样，发送广告信息一方能根据受众的需求，抓住消费者的心理特征，从而即时调整自己的广告信息。广告信息的反馈使广告的发布不再是单向的，而是一种对话式沟通。另外，新媒体的主动性使广告信息不再是过去的“推”，而是现在的“拉”，即用户针对自己的产品需求可以主动上网找寻需求信息。网络无线的虚拟空间可以使广告主把产品的信息全部详尽地传送到网上，这些资料还可以扩展到企业形象等相关内容。新媒体广告不仅在产品与消费者之间架起了一座桥梁，更是在营销品牌传播方面构建起一种互动沟通，网络“一对一”的互动传播使企业与消费者之间形成了“一对一”的营销关系。

（二）新媒体广告内容广，形式兼具性，理念创新性

互联网等新媒体集多种传播形式于一身，新媒体广告在内容展示的形式上也多种多样，具有文字和色彩兼备功能，甚至可以从平面到立体，从产品商标、品名、实物照片、色彩、企业意图到文化、经济、风俗、信仰、规范，无所不包。新媒体广告通过构思和独特创意，紧紧抓住诱导消费者购买欲这一“环”，以视觉传达的异质性达到广告目的。

新媒体之所以“新”，首先最基本的是具有原创性。这里的原创性是指一段特定的时间内时代所赋予的内容的创新，是区别于前时代形式或理念上的一种创新。例如，分众传媒就是一种新兴媒体，具备原创性，它之所以可以被称为原创，是因为它把原有的媒体形态嫁接到特定的空间上，形式上是嫁接，理

念上却是原创。高品质的新媒体广告需要诸多因素的配合，不仅需要视觉传达方面的设计，还需要程序设计等，这样才能创造出不同的表现方式。

（三）新媒体广告对品牌信息的整合性

新媒体广告最显著的特点是时刻都不能远离广告策划，因为这也是新媒体独一无二的优点，即整合品牌信息传播的能力。舒咏平主编的《新媒体广告》一书中曾提到：新媒体广告的品牌信息整合既包括阶段性的、以营销目标实现为主的整个营销传播所涉及的各类信息，又包括相对稳定、战略性的品牌信息，如品牌历史、品牌实力、品牌理念、品牌的产品线、品牌动态、品牌服务等。从而使得新媒体广告既具有眼前的促销功效，又具有从长远着眼的品牌形象建树意义。

（四）新媒体广告信息管理的即时性

新媒体广告之所以能即时管理信息，主要是基于新媒体广告的互动性技术的成熟。消费者通过即时沟通，减少了购买的焦虑，而商家通过信息追踪，即时调整产品策略。与传统广告的静止模式不同，新媒体广告可以与消费者进行实时动态的联系，实现信息沟通管理，如可以进行个体咨询答疑、受众投诉处理、受众发帖管理和品牌危机公关等。

（五）新媒体广告的反馈性和选择个性化

反馈性增加了受众对媒体的控制性，可控性增加了受众对媒体使用的公平感，消费者可以更多地参与到企业的营销活动过程中去。新媒体广告把媒体选择权更多地交到了受众的手中，受众可以主动掌控产品（品牌）信息的获得，能不受时间和空间限制，选择自己接受的广告信息方式和类型，甚至可以向广告商定制广告或产品，从而提高广告效率。

2 第二章 新媒体广告创意

第一节 新媒体广告创意概述

创意是广告的灵魂，但必须依附于实体才能展示其魅力。创意的价值贯穿于品牌推广活动的始终，其价值的体现依赖于各个环节的有效执行、承接，就好比木桶理论，其中任何一个环节出现短板，都将影响创意价值的最大化。新媒体环境下，广告创意必须与最新科技相结合，把技术因素加入广告传播中，以提升创意的价值。

数字时代，受众对于媒介的选择性显著增强，这使得创意比以往任何时候都更具挑战性。数字技术的应用为广告能够实现精准、定向传播，拉近品牌与消费者的距离，并使其参与到广告传播中来提供了无限的可能。

一、新媒体环境下广告创意理念的特征

媒体的变革为广告传播提供了更多的机会，也给予了更大的挑战，传统的创意理论也发生着巨大的变革，呈现以下特征。

（一）以创意整合营销，实现广告创意从小到大的转变

网络为整合营销传播的实施提供了一个良好的平台。除了发布网络广告外，广告主还可以在网络上进行公关宣传、事件营销，建立在线商城等，使广告、公关宣传、直接营销等营销传播要素能够同时在网络平台上展开。

在新媒体时代，创意人要在第一时间参与到广告创作中，通过前期的市场调研，从消费者的需求出发，为广告主的新产品开发出谋划策。之后，参与整合营销策略的确定、广告创意案及媒体案的制定等。

在整合营销传播的背景下，广告人需要从消费者的需求出发，构思出一个与企业核心战略及品牌核心内涵一致的核心创意，用这个核心创意来统领广告、公共宣传、销售促进等所有的沟通方式。针对不

同的传播类型，广告人要依据媒体形态和受众特点进行核心创意的延展，以一致的声音，传递一致的产品信息和品牌形象，实现与消费者的双向沟通。

（二）创意“以受众为中心”，增强互动性与参与度

数字技术催生了新型的网络互动媒体，如何能够吸引受众利用新的传播技术参与到广告活动中来，充分发挥新媒体的互动优势，成为广告人开展创意的又一议题。当前，网络平台的开放性使得全社会的每一个成员都有了发布信息的可能。对于广告人来说，以往的创意只是创意人员在做，而现在随着互联网以及新技术的普及，“人人都是创意人”的广告理念得以充分显现。

任何人都可以通过互联网参与产品（品牌）信息的制定，与广告主共同创意，一起完成对品牌的塑造。同时，草根文化的兴起，使得广大受众的话语权得到充分肯定，个人欲望得到真实表达，消费者与品牌的连接也更为牢靠。在新媒体环境下，广告创意的前提是对消费者角色的清醒认识：消费者已经由广告活动纯粹的旁观者变为积极的参与者，品牌真正回归消费者。

（三）创意更注重广告信息的可搜索性、可参与性与可标签化

1. 可搜索性

数字技术赋予了消费者几乎无所不能的搜寻信息的能力，因此广告人需格外注重信息的可搜索性。

首先，具体说来，广告创意者要提供有关产品（品牌）的全面信息。这与传统广告创意注重简化信息、寻找“特点”的做法相矛盾：传统的大众媒体由于时段和版面的限制，通常无法容纳“大量而全面的广告信息”；然而在数字媒体（如互联网）中，超链接以及无限搜索技术的应用，使得媒体不仅能够发布丰富而全面的广告信息，并且无需为此付出额外成本。同时，丰富而全面的广告信息，也为消费者的有效搜索提供了可能。

其次，广告创意者还要对产品（品牌）信息进行优化。从搜索的角度讲，信息要想被检索到就需满足共性，即拥有可供搜索的关键词；同时还需满足个性，即不会湮灭在相关或不相关的搜索结果中。对于产品来说，品牌名称，一个既可作为搜索关键词又具产品个性的代号，正是可搜索性的重要载体。由此可见，在新媒体时代，品牌名称承担着极其重要的责任。

2. 可参与性

新媒体时代，以互动为代表的Web2.0技术让“以消费者为中心”的口号从单纯的营销理念转变成了可以实际操控的现实。对此，优秀的广告创意者应该通过富有创意的构思来搭建一个媒体平台，利用独具特色的具体参与形式，让消费者参与到品牌的建设中来（与品牌进行互动，即人机互动）。另外，消费者在对相关产品（品牌）进行讨论、分享心得的同时，也能够形成相关社区（即人际互动）。

例如，在韩国的街头，有一块有趣的户外广告牌，在没有人参与的情况下，这块广告牌就是一幅正在施虐儿童的画面，但当有用户上前观看时，自身的影像会被投射到广告牌上，通过路人不同的动作与造型，就可改变广告画面的意境，即通过路人的互动参与，实现传递阻止虐待儿童行为的理念。

3. 可标签化

新媒体时代，我们每个人身上都可以贴着各类标签。由于标签具有非排他性，这意味着我们可以在不同的网络社区拥有不同的标签识别（identity）。虽然标签也可作为搜索的关键字，然而它却与搜索机制

不同，标签是一种更为主动的分类、概括、交流，即分享的过程。

例如，2015年1月25日，腾讯正式推出微信朋友圈广告，宝马中国、可口可乐、vivo智能手机三个品牌的广告分别在不同用户的朋友圈中，引发全民刷广告的风潮。对于广告主来说，朋友圈广告将提供更多维度的详细广告投放效果分析，帮助广告主实现更好的投放效果。为保证用户体验和给用户带来的价值，朋友圈广告采用了更加智能的技术，因此不是所有用户都会看到同样的广告，产品逻辑不断优化。微信会对用户行为进行分析，为用户设置标签和关键词，针对不同的用户在不同的时间推出不同内容的广告。除此之外，和普通的朋友圈消息一样，微信广告也由文字、图片等构成，好友可以进行点赞、评论。如果用户对广告不感兴趣，还可以点击右上角进行屏蔽。

二、新媒体广告的创意形态

数字技术的快速进步在带动互联网高速发展的同时，也带动了户外媒体、数字电视、移动通信等新的传播技术的蓬勃发展，这使得传统的信息传播方式发生了革命性的变化，广告业的运营进入一个新的时代。在新媒体环境下，广告创意在不同领域呈现出不同的形态。

（一）互联网广告创意

随着Web2.0技术的发展，互联网广告在经历了横幅广告、视频广告、互动广告等形式之后，当前已发展到精准定向传播的新阶段。

新媒体时代，新的传播技术使得受众“浮出水面”。广告人通过建立富有创意的信息发布平台，可以使受众的属性特征通过博客、微博及RSS等方式反映出来。相对于传统门户时代，当前的广告人拥有了更多的机会去了解受众的兴趣和偏好，理论上也获得了更多通过准确的方式向准确的人传送准确信息的精准营销机会。

（二）移动媒体广告创意

作为一种新兴媒体，手机集多媒体、移动性、随身性、交互性、即时反馈等特点于一身，是一种比较理想的广告发布媒介。过去，手机广告形式通常都是短信。进入4G时代，手机已经不再仅仅是传统的移动通信工具，新的传播技术以及各种智能终端的兴起，预示着手机将发展为集合通信、视频娱乐、互联网应用等功能于一体的多媒体掌上终端。更快速的数据传输能力、更长久的电池续航能力、更大更清晰的屏幕使得手机不仅能够同时完成各种业务，而且极大地提高了其作为广告发布媒介的创意表现力。

例如，飞拓无限公司就曾为乐百氏公司的“脉动”品牌做过成功的手机互动营销。2013年，飞拓无限公司帮助乐百氏公司开发手机互动游戏，并搭建“脉动”短信反馈平台；乐百氏公司则在脉动饮料的瓶子上打印促销信息，提供互动奖品。这样，消费者每次发送饮料瓶上的号码便能参与互动游戏，闯关之后还能获取奖励。据说，有玩家为了能持续闯关竟买走了800瓶脉动。这一策划成功地将典型的促销方案与手机互动广告相结合，既避免了垃圾短信对消费者的影响，又能使消费者从中获得实惠，从而取得了很好的效果。

（三）户外新媒体广告创意

户外新媒体广告在今天已经不算是最新型的传播媒体了，但是其销售业绩以及创新性却依旧走在各大传播媒体的最前端。

新媒体虽未能完全取代传统户外媒体，但就城市现状而言，新媒体有着传统户外广告无法企及的传播效果。走入繁华的城市商业区，户外LED大屏以与众不同的传播介质、丰富的色彩和生动的创意表现力，塑造了其独特而时尚的媒介价值。设置于城市时尚地段的彩屏LED广告，不仅摆脱了传统户外广告静止、单一的表现形式，而且利用网络技术还可以实现对于特定的区域、时间、场所的定制化广告传播，从而能够大大增强其影响力和接触率。在户外做有创意的广告，加之日新月异的科技手段的运用，可以使平静的街道化为缤纷的剧场。以数字技术、互动体验、创意为依托的户外新媒体广告，存在巨大的发展空间。

（四）互动类新媒体广告创意

互动广告的创意表现要注意以下几个原则：第一，发挥新媒体的互动性，为受众提供不同的互动模式；第二，以实用的免费资源吸引受众参与；第三，互动内容贴近受众日常生活，淡化商业营销色彩；第四，追求创意与技术的完美融合。

例如，肯德基为了推广新品“被蛋卷”，在众多城市的地铁站推出了一则互动广告，受众可以利用LED大屏触控技术，现场模仿早餐新品“被蛋卷”的制作过程。该广告是建立在计算机视觉和虚拟现实等技术基础之上的，并采用了红外感应Airscan装置，在不影响LED显示屏整体外观的情况下，具备抗光干扰、及时捕捉触摸者的一举一动等优良特性。它使得普通视频广告可以根据人体动作而产生相应变化，从而增强了互动体验的现场感和参与过程的游戏感。应该说，肯德基的这则互动广告是创意与技术的完美融合：缺了技术，则流于传统；缺了创意，则过于平庸，无法吸引受众的注意。

三、新媒体广告创意策略

创意是一种战术性的指导思想，其成败与否直接关系着广告经营的成功与否。进入新媒体时代，广告经历了媒介、受众、信息、诉求等一系列的变化，作为广告的灵魂，广告创意也必然要经历从内到外的策略调整。虽然广告创意可包容的范围比较宽泛，但具体来说，其所面向的关键内容只有两个：创意广告内容和创新广告媒体。因此可以沿着这个思路阐述新媒体时代广告创意的应对策略。

（一）从追求关注到构建体验，实现内容与消费者的有效结合

新媒体时代，广告诉求日益呈现出“圈子文化”的特征，即每个圈子的成立，是以消费者共同的兴趣偏好、生活态度、价值观念为基础聚合成群。传统媒体时代，广告传播的创意思路通常是：先以市场调研的数据为参照设置一个广告主题，然后围绕这个主题创意广告活动、编织品牌故事、重金聘请明星代言或者营造“轰动”事件，最后再打出一个漂亮的广告口号，以创意的精彩度来吸引广告受众的眼球与兴趣，从而实现颠覆消费者心智的目的。在这种传播模式中，广告受众处于观看者的位置，虽然也会有短暂的参与和互动，但从本质上讲仍是一种自上而下的传播。

全新的新媒体技术手段赋予了当下的广告创意更多的内涵。Web2.0技术所带来的充分互动的传播环境，为广告创意者构建一个消费者虚拟体验空间提供了可能。数字时代的广告创意应该以直观的界面以及真实的体验去打动消费者，优秀的互动广告不再需要文字去解释。例如，雷克萨斯IS汽车的广告创意

团队在美国交通拥挤的底特律市创作了一个互动全息图（hologram）。消费者只要途经该市任一雷克萨斯体验店，便能透过玻璃窗外的触屏对新车进行操控。消费者可以对三维虚拟的雷克萨斯IS汽车进行全息式观看（拉近、旋转、改变颜色），使新车状况一目了然。

Web2.0时代，通行的“营造氛围”的广告创意策略必然要让位于“请消费者入瓮”，即让广大的消费者成为广告创意的元素，使其身临其境于广告传播的全过程，并成为广告的主角、明星代言人和意见领袖。所以，Web2.0时代广告创意变革的重心应该从“营造氛围，以吸引消费者关注”转向“编织体验，与消费者共舞”。

（二）从广而告之到准而告之，创意更具吸引力的内容

传统媒体时代，广告的成功主要依赖于其所选择媒介的传播力，凭借着大众媒体的狂轰滥炸，即使一个毫无创意的广告也能迅速为广大受众所熟知。然而，在新媒体时代，面对着日益丰富的信息发布渠道，广大的受众拥有了更多的媒介选择，传统的大众媒体再也不可能依靠一己之力，把缺乏创意的广告强推给消费者。在多屏化、碎片化的新媒体环境下，要有效地捕捉到信息和消费者的需求，据此创意出富有吸引力的广告内容，并以精准的方式投放给潜在的消费者。

Web2.0技术的应用，为广告人发挥想象，为创造具有吸引力的内容提供了无限的可能。以播放受众自制视频节目而备受关注的优酷网（Youku），拥有大批忠实粉丝，每天会有数百万的固定网民登录该网，上传或播放相关视频。这说明，只要能够充分发挥广大受众的智慧，利用互联网创意并传播具有特色的内容，传统的视频节目就不会失去生命力。像优酷这样，建立用户自发内容的视频网站，正逐步孕育一个全新的广告世界。在这里，广告人通过设立视频平台，可以与受众共同创意富有吸引力的内容；同时，适时地发布一些有关产品（品牌）的话题与消费者互动，这不仅能够使广大受众主动地了解相关产品（品牌）信息，也能够使其积极地参与到广告传播中来。

新媒体时代，有关传统媒体的巨额投放计划和创意方式正在被边缘化，广告主已不再会为传统媒体投放、策划和创意押上千万的预算。精明的广告人正通过创意具有吸引力的内容，并利用新的传播方式来吸引消费者，与其互动，共同创造网上热点和共鸣。

（三）从强迫推送到诉诸文化，用受众的沟通方式进行沟通

当前，在新媒体环境下，受众的生活方式、消费方式、信息接收方式都发生了巨大的变化，强迫推送已经无法继续适应新的传播环境，而品牌文化渗透与双向互动沟通成为主流。

传统的“强推式”广告日渐消逝，取而代之的是一种“互动式”软广告，即依靠某种理念、文化的力量，以一种润物细无声的方式影响潜在消费者。正如菲利普·科勒所言，一流企业卖文化，二流企业卖品牌，三流企业卖产品。在生产力高速发展、产品极大丰富、供应远远大于需求的时代，“文化”再次成为广告创意的焦点。

（四）创新广告表现形式，加强视觉冲击力

对于广告来说，创意是永恒的主题。新媒体技术的发展，给予了广告创意更加丰富的表现手段。一般而言，广告创意吸引人、广告表现突出，都会达成较高的广告效果。对此，必须不断尝试新的广告形

式，创新广告表达方式，以加强广告的视觉冲击力。

数字化时代，打开互联网，Web站点广告、横幅广告、按钮广告……各种各样的广告信息铺天盖地。为了增加受众对广告的关注度，可以运用一些出人意料的广告形式来增加受众的点击率。

例如，新浪网站推出一种关于MP3下载的弹出式广告，它以计算机提示窗口的形式出现，采用十分惊人的广告语——“警告！你的硬盘没有新的MP3。”这种警戒符号多出现于计算机运行错误的提示等情况下，突然看到这样一个窗口，很多网民往往会紧张一下，然后习惯性地去点击“是（Y）”，就像平时遇到电脑问题一样。紧接着，受众便会发现自己“上当了”，因为点击后的链接进入了一个音乐下载网站，它是新浪MP3下载网站的广告。这种网络广告表现形式或许会有欺骗之嫌，但广告主成功地达到了传播效果：网民都注意到了这则广告。虽然我们并不提倡这种广告形式，但是可以借鉴它的创意思想——想别人所未想，做别人所未做，跳出原来广告创意的老框架，寻求新鲜的广告表现方式。

广告传媒技术的发展，也给广告创意提供了更大的平台，多媒体广告开始步入广告人的视野。含有2D及3D技术的视频（Video）、音频（Audio）、超文本链接（HTML）、矢量动画（Flash）、动态文本链接（DHTML）等全媒体表现方式的广告，不仅能有效提高广告的互动性，还能为广告人提供广阔的创意空间。

（五）创意媒介选择

完美的广告创意还需要有准确的媒介选择，只有这样才能确保体验能够释放于消费者。因此，如何选择媒介是有效实施体验的关键步骤。

当前，消费者处于一个信息爆炸的社会，电视、网络、手机以及户外的一些建筑、街道等都在传递着相关信息。新媒体时代是一个媒介泛化、一切皆为媒介的时代。新的传播环境，促使新时期的广告人在创意好广告内容的同时，还需要有效地选择媒介，丰富广告的发布渠道。

众所周知，互联网给予我们的是平等、创新和差异化的选择模式，而品牌是消费者整体体验的总和，要把广告主的品牌形象永久植根于消费者心中，形成一对一的伙伴关系，就必须有能力去开发与消费者接触的每一个点与面，实现品牌体验的终极目的——与消费者形成良好的互动。

例如，麦当劳在瑞典市区安装了互动广告看板，参与者只要用自己的iPhone登录麦当劳网站，先选好自己喜爱的麦当劳小点心，然后就可以在街头和广告看板上玩挡球小游戏，麦当劳的广告看板上就能呈现出参与者的游戏屏幕。他们通过自己的iPhone控制挡板，只要让球在看板上维持30秒不掉落，就可以免费获得自己选择的麦当劳小点心。游戏用户在游戏过程中主动接触了麦当劳网站这一广告载体，体会到了麦当劳“快乐、率性”的品牌特性，并促成了在麦当劳终端的消费行为。麦当劳则成功地把数字媒体的娱乐功能与品牌符号的传播、品牌性格的体验、终端营销的开展等有机整合在一起。

第二节　新媒体广告文案创意

广告以其创造性思维打破了传统和新兴媒体的界限，不论广告从业者以何种形态传递思想，广告语言都是广告作品的核心内容。作为广告创作的表现环节，广告文案的创意是将动态抽象的创意思维与静态特指的产品特质相结合的结果，包括了从初步的想法逐步过渡到完整的创意概念这一系列转化和创新活动的实现过程。

一、新媒体时代广告文案的主流特征

新媒体时代以不可阻挡之势到来，同时给传统媒体的广告和营销带来了极大的冲击。相比于传统媒体，新媒体最大的革新就是传播方式由传播者对受众的广而告之变成了受众自发地点击和定制。在这个基础之上，传统而粗暴的广告文案，已经不可能再赢得优质受众们的点击和青睐。在这样一个全新的时代，网上购物、网上聊天、网上阅读等不再是一种时尚，而是一种不可或缺的生活方式；日记信件、交友访客逐渐被微博、朋友圈、E-mail、QQ留言、空间等取代；看书、看电影、看新闻由连接互联网的电脑或手机即可全部实现。

目前在新媒体平台上，最流行的优秀文案一般是短标题文案，其内容大多以图片为主。即便有文字信息，也会尽量放到图片当中传递。此外，大量的“标题党”已经成为一种流行甚至规范，进而产生了种种形态各异的“党”，微信、微博上的“养生党”和“鸡汤党”，其实都是依靠标题来吸引人气。例如，“白醋让你年轻10岁，你造吗”“两头大蒜让你活一百岁”“好老公十大准则”“一万元如何变成一百万元”等标题，以噱头博得眼球，却可以达到很好的点击效果。“养生党”和“鸡汤党”的共同特征代表了新媒体时代广告文案的写作通式，“标题为大，读图为主”成为新媒体时代广告文案传播的主流特征。当然，我们抵制和反对低级、庸俗、隐晦下流的“标题党”行为。

除此之外，与传统媒体广告文案相比，新媒体广告文案还具有信息容量大、呈现风格多样化、搜索储存便利、互动性强、受众定位精准等传播特征。

二、新媒体平台下广告文案的主要形式

新媒体广告文案，大致可以分为如下两类。

（一）产品营销类

产品营销广告类似于传统媒体上的硬性广告，通过直观简短的介绍或宣传，为其宣传的产品造势。此类广告大致上沿袭了传统媒体广告文案的特征，所以其播发渠道实际上和传统广告类似，采用广播的形式，通过各类新媒体平台，把信息强行推送到用户面前。在当前，产品营销类广告多存在于各类应用弹窗等渠道中。企业的官方微博、微信公众号等所发布的有关产品（品牌）信息的硬广告，以及在自媒体平台上开展促销、集赞抽奖、微博（信）竞猜、转发有奖、互动讨论、投票等活动都属于此类。

（二）推荐软文类

该类广告文案和硬广告有较大的不同，是脱胎于新媒体平台下自媒体传播的广告形式。这些被互联网媒体催生的自媒体俗称为“大号”。其内容多为各类感悟语录、心灵鸡汤、幽默段子、知识百科、热点事件、热门话题、天气节日、食物养生、美容瘦身、星座运势等信息，以具有趣味性和可读性的内容吸引用户主动转发分享。“大号”的经营方式非常灵活，可以自由选择合作方，进行推荐类型的软性广告。

三、新媒体广告文案的创意原则

新媒体广告文案的创作与表达，应遵循以下原则。

（一）注意广告文案的娱乐性

在新媒体时代，必须抛弃硬广告的创作思维。新媒体广告文案的创作，不能再像原来那样先想一个标题，然后副标题，接着正文、口号等，最后再生硬地推给受众。广告的形式必须要软，必须具有娱乐精神，将所要传达的信息巧妙地融合在受众所感兴趣的信息中。

要把广告写成受众喜闻乐见的“段子”，有趣、好玩是第一位。把产品（品牌）信息糅合在有趣的段子中，这才是新媒体时代的广告人需要具备的能力。必须更加熟悉受众的语言风格、喜好爱好，最大限度地降低受众对广告的反感，甚至一些优秀的广告，受众明知是广告，读起来却津津有味。文案创作的核心都是让受众觉得“有趣”，充分调动起受众转发分享的欲望，使品牌理念深入受众内心。

（二）借助热点话题增强传播效果

热点事件和新闻话题都是极易引起转发的内容，因此，在创作广告文案时，应将所要传达的信息与当下热点紧密结合。密切关注并深入解析热点事件，结合自身品牌、广告与营销目标，加入大众话题讨论中。借助热点事件，使广告传播效果呈几何级增长。选择热点话题时，需要考虑到时效性和相关性。时效性即文案创作的及时性，网络上的热点内容生命周期大都很短，必须及时把握住稍纵即逝的热点，在最短的时间内创作出广告。

杜蕾斯是新媒体广告创作领域的佼佼者。这样一个平时总是令人尴尬和脸红的品牌，不便做线下传播。然而，在新媒体时代，杜蕾斯找到了自己的空间和定位，并大受欢迎。杜蕾斯在微博上将自己打造成一个“有点绅士又有点坏，很懂生活又很会玩”的形象，在这样的基调上，不放过每一个可以运用的热点。

（三）切忌虚假与造谣

新媒体时代带来信息的大爆炸，在繁杂的信息中抓住目标受众的眼球不是一件容易的事。广告为了吸引眼球适当地出位是可以理解的，但是，在进行文案创作时，必须有底线，切忌虚假和造谣。借助便捷发达的搜索引擎，谎言很快就会被拆穿，靠虚假谋求关注无异于饮鸩止渴。

“天猫内裤门”可作为例证：2013年，天猫在微博上发布了一条关于“双11”数据的微博，称“内裤销售200万条，连接起来有3000公里长”。微博发出不久，就遭到“江宁公安在线”等微博的质疑，怀疑其数据准确性，最后天猫不得不通过自嘲来解决危机。

新媒体的发达，使广告传播进入了一个内容飞速生产、又被飞速消费的时代，巨量的碎片信息不断被制造。在这样的背景下，必须时刻保持开放的心态，不断学习新事物，不断修正广告文案创作的方法，遵循广告文案创作的基本原则，只有这样才能在信息的洪流中，为品牌创造更大的价值。

四、新媒体广告的创作技法

如何写一个新媒体思维的文案呢？从以下七个方面进行解读。

（一）分解产品属性

互联网初创公司无不把产品分割成一个个独立属性进行宣传。新媒体文案之所以需要分解产品属性，是因为这有助于它们弥补与大品牌之间的劣势。

消费者选购产品时有两种模式——低认知模式（不花什么精力去了解和思考）和高认知模式（花费很多精力去了解和思考）。大部分时候，消费者处于低认知模式，他们懒得详细了解并比较产品，更多的是简单地通过与产品本身无关的外部因素来判断——“这个大品牌，不会坑我，就买这个！”应该让消费者进行高认知模式，让他们花费很多时间和精力来比较产品本身，而不是简单地通过品牌和产地来判断。而分解产品属性就是一个很好的方法，可以让消费者由一个“模糊的大概印象”到“精确的了解”。

（二）指出利益：从对方出发

文案仅仅进行分解产品属性还不够，还需要把利益点说出来，即这样的属性具体可以给对方带来什么。

销售员往往详细地介绍了产品，顾客却抱怨说：“你说的这些特点都不错，可是对我来说有什么用呢？”如果想写出好文案，就需要转变思维——不是“向对方描述一个产品”，而是“告诉对方这个产品对他有什么用！”

（三）定位到使用情景

当被要求描述一款产品，大部分人首先想到的是：“这一个××。”有些人还会想到——“这是一款专门为××人群设计的产品！”其实还有第三种——“这是一款可以帮你做××的产品。”实际上，针对新媒体产品的特点，应该更多地把产品定位到使用情景——用户需要用我的产品完成什么任务？比如，如果描述“这是一款智能无线路由器”，用户可能不知道广告在说什么。但是如果广告说“你可以在上班时用手机控制家里路由器自动下片”，用户可能就会心动。所以，最重要的并不是“我是谁”，而是“我的消费者用我来做什么”。

（四）找到正确的竞争对手

消费者总是喜欢拿不同的产品进行比较，因此，写文案时需要明确：我想让消费者拿我的产品跟什么对比？我的竞争对手到底是谁？

无数的行业创新产品都涉及了这样的竞争对手比较：在线教育的竞争对手其实并不是线下培训，因为对那些肯花时间和金钱参加培训的人来说，在线教育显然满足不了其对质量的要求；它的竞争对手其实是书籍、网络论坛，因为它的客户是因为没钱没时间而无法参加培训，以至于不得不看书自学的人。

太阳能的竞争对手最初并不是火电，因为对于性能稳定的火电来说，太阳能太不靠谱了；它的竞争对手是“没有电”——太阳能最初在美国失败，却在非洲首先实现商业化，对美国人来说，太阳能太不稳定了，但对没有电网的一些非洲国家来说，自建太阳能发电器总比没有电用要好。

所以，构思好文案、好宣传，要先找到产品真正的竞争对手。

（五）视觉感

文案必须写得让读者看到后就能联想到具体的形象。如果只说“夜拍能力强”，很多人没有直观的感觉；但是如果说“可以拍星星”，就立马让人回忆起了“看到璀璨星空想拍但拍不成”的感觉。

优秀的文案能让人联想到具体的情景或者回忆，但是太多文案写得抽象、模糊、复杂、假大空，让人不知所云：

（教育课程广告）我们追求卓越，创造精品，帮你与时俱进，共创未来！

（芝麻糊广告）传承制造经典！

（男生求婚）我们一定会幸福生活，白头到老！

（面试者）我有责任感、使命感，一丝不苟，吃苦耐劳！

如果同样的意思，加入“视觉感”的描述，效果就显著不同：

（教育课程广告）我们提供最新的知识，以帮你应对变化的世界。

（芝麻糊广告）小时候妈妈的味道。

（男生求婚）我想在我们老的时候，仍然能牵手在夕阳的余晖下漫步海滩。

（面试者）我为了1%的细节通宵达旦，在让我满意之前决不放弃最后一点改进。

为什么视觉感这么重要？心理学中有鲜活性效应，是指受众更加容易受一个事件的鲜活性（是否有视觉感）影响，而不是这个事件本身的意义。所以，写文案一定要有视觉感。

（六）附着力——建立联系

一个让人陌生的东西是难以流行的，为了让全新的产品或者概念流行，就需要把它同一个大家熟知的东西联系起来。

为什么附着力这么重要？这是因为人的记忆模式。人的大脑记忆就像高坡上的一条条河流，新记忆就像一滴水，这滴水如果滴到土地上，就会立刻蒸发；如果能够滴到河流里，就能融为一体，到达大海。同样，如果新知识无法同旧知识建立联系，人们很快就会忘记它；如果和旧有的熟悉的东西建立了联系，人们就容易记住它。所以，文案的附着力，让它和旧有的东西联系起来，甚至就连电话发明者贝尔当年申请的电话专利，名字都叫一种新型电报改良技术。

（七）提供“导火索”

文案的目的是为了改变别人的行为，如果仅仅让别人“心动”，但是没有付出最后的“行动”，可能会让文案功亏一篑。最好的办法就是提供一个显著的“导火索”，让用户想都不用想就知道现在应该怎么做。

心理学家还做过这样一个实验：在透明玻璃门的冰箱内放满食物，很多人去偷食物，但是给这个冰箱上个锁，再把锁的钥匙放在锁旁边，结果几乎没有人去偷食物了。因为偷食物这件事由“想都不用想就知道怎么做”变成了“需要想想才知道怎么做”，就显著降低了人们做这件事的欲望。

所以，永远不要低估“伸手党”的“懒惰程度”，必要时在文案中明确告诉别人：现在你应该怎么做。

第三节 平面类新媒体广告创意探析

一、概述

平面类新媒体广告受到越来越多的关注，这类广告既要强调商业又要符合美学的要求，商业文化与艺术要求被统一起来。因此，新媒体广告本身力求以更为精细的构思、刻意的雕凿、巧妙的匠心、意蕴深沉的内涵以及独特的风格和美感来被更好地呈现，从而使消费者产生购买欲望。所以，平面类新媒体广告要达到好的效果，就必须要在设计之前了解新媒体平面广告创意设计的基本原理与规则，依据新媒体平面广告创意设计的美学特征，别出新裁，打好广告设计与制成投放的基础，这样才能制作出创意新颖、风格独特、表现力强的广告。

平面类新媒体广告属于视觉传达类广告范畴，它的创意表现是运用视觉形象来完成语言描述的，是以点、线、面、文字、形象、色彩、空间等作为基本的视觉要素，以具象表现的形式，抑或以抽象的形式，也可以借助绘画、摄影等综合的艺术形式来进行表现。设计师与受众通过视觉形象的表现来进行相互交流，受众运用自身的经验来领会和理解设计所要表达的内容。

根据新媒体平面广告创意媒体的传播特点，平面类新媒体广告的创意表现主要是运用图形、色彩、文字三种视觉语言要素，着手于具体的创意，于生动、完整之广告中表现准确主题。

（一）图形

新媒体平面广告创意要产生的效用决定了一幅好的新媒体平面广告创意作品应具备以下三点信息传达功能：第一，吸引力强，能够吸引受众，当然，版面的设计也很重要，它也是吸引受众的一个重要因素；第二，设计的思想要简洁明确地传达出来，阅读效果良好，使人一看便能够明白广告所要诉求的重心和广告要传达的意思；第三，能够使受众产生购买的愿望，广告的视觉冲击力要强，受众看完之后能够产生很强的视觉震撼，诱导人们产生冲动和欲求。

图形是平面类新媒体广告构成的诸要素中最能够吸引观众视觉的重要因素。大部分人在看一幅新媒体平面广告创意作品时，第一视觉效果是整体画面，其次是标题，再次是正文。这样的递次顺序虽只有几秒的差距，但作为直观上第一时间映入眼睛的图形而言，能否抓住受众，吸引受众成为标题、正文的认真读者并产生欲求，在一定程度上起到关键的成败作用。新媒体平面广告创意中图形创意的地位由此可见一斑。

此外，图形作为视觉的语言，相对于文字信息来说，它不受国界和地域的限制。文字、语言是有国界的，而图形不存在受众的语言背景和理解力的问题，它是一种世界性的语言，没有民族、种族和国家之分，这对于广告信息的传播是非常有利的。事物的形状、质感、颜色、材料等特征的直接展现，说服力及吸引力很强，带来的视觉冲击力真实可信，图形的这种写实性，能让人在不自觉中产生购买愿望。

（二）色彩

作为新媒体平面广告创意视觉语言要素之一的色彩，是审美视觉的核心，对于我们的知觉感观有着极其重要的意义，深深地影响着人类的情绪状态，让人们第一眼看到广告就留下良好的形象。它能够吸引受众的注意力，激发其购买的需求，无形中为企业、为商品树立品牌形象，带来无限商机。

颜色，成为人们印象中某一类产品的固有色，颜色让人们认同并购买产品。颜色、冷暖、强弱等属性可充分发挥于广告设计中，例如，辣椒油外包装的颜色近于辣椒的红色，让人马上产生辣之味觉；橘黄、奶油等色应用于设计中，会增加人们的食欲。不同的色彩可以使人产生辣、酸、苦等不同味觉，从而诱惑、暗示受众，刺激人们的购买欲望。

色彩的视觉表现力是极强的，是广告信息传达的强有力手段，它能够快速准确地诉诸人的感官系统，通过颜色的冷暖、强弱变化产生色彩的韵律，突出产品的性质和塑造企业形象。这是其他视觉传达要素无法替代的。

（三）文字

广告图形抓住受众的时刻，即文字被关注的时间，如果无法准确传达信息，使受众不明所以、转移注意，再好的广告图形创意亦无法达到预期效果，最终将成为败笔。广告图形吸引受众后，文字就起到了补充说明、画龙点睛的重要作用，让受众准确理解信息，加深记忆，使图片更具生动、形象意义。因此，文字是图形的递增，文字是图形的补充，文字是图形的点睛记忆之笔，二者同等重要。平面设计广告上的文字排版如果能够在排列和布局上别出新意，也可以为广告增色，成为一个成功的新媒体平面广告创意不可缺少的一部分。

文字具有双重性，首先字体就是一种图形，它具有图形的性质，是视觉形象的图形；其次字的组合是内容的表述，是叙述性、表意性的符号。文字的这种双重性在新媒体平面广告创意设计中独具魅力，有别于图形设计的单一性。字体的排列、字体的设计还要让受众有美的感受，让艺术融于无形，字以达意，美以传神。

新媒体平面广告创意中的文字设计涵盖广告的标志、字体、排版设计等，其造型所传达的内容、风格特征和情感等直接影响着广告信息的传递，对于广告信息的正确传递以及视觉传达效果和诉求力都有非常重要的意义。所以在进行文字的设计时一定要准确、有效地表达广告的主题和创意，尽量避免因为不当的装饰变化而造成视觉识别上的障碍。

不同的广告对象要选择合适的图形和对应的字体，强化广告的气质形象，体现产品的特性，配以色彩，吸引并打动受众以实现新媒体平面广告创意之初衷。三个视觉语言要素彼此独立又相互呼应配合，合力呈现出一幅优秀的新媒体平面广告创意作品。

二、平面类新媒体广告

（一）平面类新媒体广告的应用范围

新媒体平面广告创意的应用范围非常广泛，只要有平面的地方，就可以有新媒体平面广告创意的存在，比如路牌灯箱、车厢广告等。

（二）衡量新媒体平面广告创意的3I标准

一个好的新媒体平面广告创意不仅仅是简单的宣传和推广，还要给人深刻的印象。现在国际上对新媒体平面广告创意的创作普遍遵循一个标准，我们称为“3I”标准，即impact（冲击力）、information（信息内容）和image（品牌形象）。

1. impact（冲击力）

impact（冲击力）即新媒体平面广告创意给人的第一感觉。当今社会，人们生活节奏加快，很多时候不愿意静下心来仔细看一看周围的事物。一则好的广告，必须具备强大的表现力，通过色彩的运用以及醒目明了的标题，配上准确的图片，瞬间吸引住人的眼球，让人产生驻足再看一眼的感觉，否则只会和千千万万个让人一闪而过的广告一样，不会对人有丝毫的影响。

2. information（信息内容）

information（信息内容）一般指新媒体平面广告创意中用于传递信息的部分，使用文字或者配有插图。成功地运用视觉冲击原理，留住了受众的第一眼后，在受众看广告的第二眼时，将信息传递出去，达到传播信息的目的。一则好的新媒体平面广告创意，首先能够让受众一眼看到广告的核心，即“到底在讲些什么”，其次要让受众看到自己的利益需求，让广告商与受众通过广告进行沟通。

广告的正文应该条理清晰，内容简洁明了，配合小标题、插图等表现形式，增加文字的说服力，这样更有助于提升说服力。

3. image（品牌形象）

image（品牌形象）即站在产品的发展高度，树立品牌。品牌形象的树立，是对产品未来发展的隐性宣传，对受众有一种潜移默化的影响，其广告效力可能远远高于当前广告所产生的经济利益。在品牌的树立上，要坚持产品宣传主题一致、制作风格一致或者有延展性。

（三）新媒体平面广告创意的创意要素

广告的创意，说得通俗一点，就是广告的想象力，能够完美达到广告宣传目的。本书认为广告的创意要素主要在于内容、色彩搭配、版式设计等几个方面。

1. 内容

新媒体平面广告创意的内容可以说是新媒体平面广告创意的主体，起到主要的宣传作用。新媒体平面广告创意的内容可以是文字，也可以是图片。通过新媒体平面广告创意的内容，能够激活受众的想象力，让受众在愉悦的心情下欣然接受广告的内容，并且对此广告印象深刻，甚至保持终身印象，这才是新媒体平面广告创意的最高境界。

2. 色彩搭配

色彩在新媒体平面广告创意上是必不可少的要素。新媒体平面广告创意的色彩搭配，要根据广告的内容进行设计，不同的广告内容，需要不同的色彩搭配组合来渲染。比如，红色代表乐观、活力、性感等积极因素，紫色代表神秘、尊重、财富等因素，橙色可以吸引人的食欲，绿色可以净化人的心灵。掌握各种颜色的语言，也就能够合理地搭配出不同的色彩语言。当然，并不是说五颜六色的广告就能够达到丰富的推广效果，有很多经典的广告都是黑白配的，所以说，具体运用什么颜色并不重要，达到广告的目的才是最重要的。

3. 版式设计

新媒体平面广告创意的版式常用的有三种形式——方形版、出血版和退底版。当然，也可是三种版式相结合。在内容的版式排布上，要根据左上、右上、左下、右下的视野顺序进行排布，同时配上合理的版式使用率，使新媒体平面广告创意主次分明、分布合理，最后达到新媒体平面广告创意的宣传推广效果。

新媒体平面广告创意是一种媒介、一种传播方式，能够表达广告主的宣传目的，从而在受众间产生一定的影响力，一般都是为了达到某些商业目的。如果说信息传播是广告的本质目的，创意就是广告的灵魂。对于创意的界定，确实是仁者见仁、智者见智，但是只要能对受众产生深远影响的，能让受众印象深刻的，就是一个好的广告（图2-1）。

图2-1 新款酒类广告示例图

第四节 视听类新媒体广告创意探析

一、视听类广告创意

在网络时代的新媒体环境下，广告创意和其呈现方式远非传统广告所能企及，我们有先进的技术优势，有良好的平台为其呈现，数字技术的高效运用以及高强度的视频技术的投入时时刻刻都体现出一种时代的科技感。Maya等动画软件的使用，势必会给消费者带来更加强有力的视听冲击。如今的视听类广告有了新媒体载体的使用，效果呈现得更加逼真，给人的震撼也更加强烈了。如一则超速驾驶的公益广告，如果按照以前的广告模式及创意呈现，肯定是会选取人、高速公路、飞驰的汽车等呈现在画面中，制成危险、恐吓、惊悚的场景，以及还有可能提到超速以后亲人的反应等。然而在使用新媒体、新技术的情况下，其创意是这样呈现的：该广告不仅保留了其恐吓、惊悚的成分，而且还通过使用三维动画、液晶户外大屏把这种惊悚演绎得淋漓尽致，甚至模拟了车祸发生时激荡的撞击声。视、听的紧密结合，给人以身临其境的感觉，使人们的恐惧感增加到了极致，更好地宣传了超速驾驶的严重后果。

广告艺术的表现手法，是靠着现代传播技术的支撑，创造着附加于产品之上的附加价值，以一种平面感的意义存在，最终实现着促销产品的目的。广告在一定程度上控制了人们的心理和行为。这些艺术境界，在广告设计与制作之前，必须被掌握，打好我们对艺术理念学习的基础，用正确的态度来创造，可以在广告作品中真正凸显艺术性与功用性。广告设计所特有的创作技巧不断发展，有助于提高广告人创作的艺术水平，更好地发挥新媒体广告在繁荣商业文化中的积极作用。

现代影视传媒的多元化趋势，以及如何通过现代新兴的传媒终端，来传送针对特定受众人群的影视视听类广告，已经成为现阶段视听类新媒体广告传媒研究的重点课题。随着家庭数字付费点播频道的日益普及，视听类广告必将从显性广告走向隐性广告，广告的到达率及传播效果也将大打折扣，而新兴影视广告传播媒介却有着一定的强制性，受众不能够随意终止影视媒介的播出，因而更适应未来视听类新媒体广告的传播模式。

二、视听类广告的营销策略

媒体进行市场营销离不开社会环境的影响，视听类传媒的价值不仅仅是体现在自身节目的收视率、覆盖率等一些生硬而枯燥的技术数据，更是体现在从真正意义上指导其广告客户及产品与目标市场进行科学的对接。

（一）广告覆盖立体化

不同的传播媒介有着不同的传播特性、传播优势和传播效果，广告客户在投放广告时，往往也倾向根据不同媒介的传播特性、传播形式和传播特点，购买不同媒体的版面、时间或者空间，形成广告覆盖立体化、全方位的组合，以此达到最佳的广告效果。有时，广告客户为了推出某种产品或强力宣传某个品牌，甚至需要与广播、报业等平时的竞争对手结成同盟，进行超时空、立体化、全覆盖的宣传，以求将广告宣传声势、影响、效果发挥到极致。这样做不但减少了广告客户的搜寻成本，而且也增强了媒体吸纳广告的渠道和空间。

（二）广告传播终端化

随着现代科技的高速发展，电视传媒的终端设备也在不断朝着大面积、轻薄、价廉等方向发展，特别是LCD和LED技术的超速发展为新兴传播媒介的出现提供了可能。同时，伴随着现代计算机信息和通信技术的发展，互联网和个人娱乐通信终端也成了能对广大影视广告受众群体产生巨大影响力的影视传媒终端。随着现代社会产品的不断更新和服务的日趋完善，产品和消费市场也在不断地被细分，以往的那种通过电视和电影传播影视广告的方式已经不再适应当今社会急剧扩张的消费市场。与现代新兴传播媒介相比，传统电视传媒在传播过程中明显缺乏受众群体的指向性，而在现代高科技条件下，影视传媒终端已经扩展到许多特定的空间。

（三）服务形式的延伸

1. 户外交通影视传媒

户外交通影视传媒主要以公共交通为主要传播途径。通过在公共交通系统上放置液晶电视来传播影视广告，传播方式与传统的电视播出类似，故一般意义上称之为移动电视。移动电视通过在交通工具行驶过程中提供影视娱乐节目和信息服务来吸引乘客，期间再插播影视广告内容，最终将广告信息传达到数量庞大的乘客受众群体之中。现阶段国内已经形成了有着较大规模的全国移动电视网，如北京分众传媒。

2. 户外公共场所影视传媒

户外公共场所影视传媒主要以在车站、码头、港口、广场等放置大型的LED屏幕来播放影视广告。由于现代新兴影视传媒的扩张，影视广告正从以前的以家庭等为主的私密传播空间逐步向车站、码头、港口、广场等户外公共开放空间发展。

3. 次公共场所影视传媒

次公共场所影视传媒以在电梯口、厕所、商场等次公共场所放置液晶电视来传播影视广告。与公共场所相比，次公共场所一般活动空间较小，人群的目的性相对较强。特别是在一些商业机构中，位于电梯、厕所、货架旁的影视传媒往往能改变消费者的最终决定。

4. 个人数字娱乐通信终端影视传媒

随着现代社会数字化程度不断提高，出现了以手机为代表的个人数字娱乐通信终端，人们可以通过这些终端设备实现学习、娱乐、上网、通信等各项活动，这类终端设备包括集拍照、听音乐、看电视、玩游戏、上网浏览等各项功能于一身的多媒体手机和个人掌上电脑等。

5. 在线视频传媒

在线视频媒介是借助于宽带互联网而形成的，在广大网民中有着巨大影响力的大众传媒。在线视频广告则成为当前网络影视广告的发展重点。雅虎和微软均认为，在互联网视频内容之前播放一段类似电视的广告，能够从传统的电视广告商那里赚更多的钱，使互联网用户更为便捷地接受在线视频的内容。

在现代高科技条件下，影视广告传媒越来越注重受众群体的群体特征，朝着多元化、多渠道的方向发展。随着现代新兴传媒的不断涌现，未来的影视广告传媒一定更加贴近人们的日常生活，更加人性化，在向受众传达产品信息的同时，能够提供更为专业的学习娱乐资讯服务，使人们的生活愈加舒适便捷。

第五节　互动类新媒体广告创意探析

一、概述

信息的及时互动实现了大家的相互沟通，使得信息的传播模式不再仅仅是主动传播和被动接受了。新媒体为实现信息互动提供了契机，新媒体广告创意良好的实施想必也要利用好信息互动传播的优势，以达到良好的效果。例如，2013年，上海地铁11号线徐家汇的换乘长廊中上演了一出腾讯《剑灵》游戏的创意互动传播。漫步在这条150米的走廊上，乘客可以看到形象各异的异型包柱、真人与动漫相结合的双面墙贴、具有互动功能的超级橱窗灯箱等多组创意广告，给大家连续的视觉冲击。其中，给人最大震撼的是电子屏换装互动游戏。乘客在观赏TVC的同时，不仅能浏览《剑灵》的人物角色，还能通过前置摄像头和触屏操作切换自己的照片到橱窗广告画面中，在短时间内乘客感受到了《剑灵》游戏的趣味性。大量乘客纷纷发状态，互相评论，还成了主流媒体、各大论坛一时的热点话题，促成了二次传播。本次创意实施在空间上使乘客处于了常规空间之外，有了视觉和自身感官的体验，并且在乘客的参与下还形成了互动，制造了热点，达到了二次传播的效果。

图 2-2　荣威 550 新款推广案例

再来看另一则荣威550新款车在上海的推广案例(图2-2)。该车型在上市期间选择了上海地铁2号线中山公园人流密集的换乘通道，所有乘客都被当时利用无缝拼接技术组合的大型电视屏给强有力地震撼住了。此次的创意发布还承载了最新的Kinect全身感应检测功能：Kinect摄像头捕捉乘客的肢体动作，并将肢体动作转化为游戏指令，以此来营造良好的体验效果。乘客不仅能在液晶屏幕上了解到车的信息、性能等，还能通过体感探测仪对几乎真实比例的荣威模拟启动、关闭车门车灯等很多现实中的体验。

网络时代，新技术、新手段给广告创意带来更多的内涵。首先是新媒体互动的传播环境，广告人可以为消费者编织一个虚拟体验空间。新媒体广告创意应该以直观的界面以及真实的体验去打动消费者，优秀的互动广告不再需要文字去解释。丰田雅力士的创意团队曾把他们的体验式广告做到了极致。他们将雅力士的互动展示和赛车游戏结合到一起，这样一来，两个在不同地点同一时间登陆雅力士页面的网民，可以直接在游戏中驾驶雅力士新车进行PK，体验着雅力士赛车带来的风驰电掣的快感。

消费者亲身参与到广告传播的活动中去，他们成为广告的主角，成为广告创意的元素。所以，网络时代新媒体广告创意应从吸引消费者关注转向为消费者提供体验式的活动，与消费者共舞。

创意是广告永恒的主题。数字技术的发展，给新媒体广告创意带来了更多、更丰富的表现方法。一般来说，广告创意突出，广告表现吸引人，这则广告就会表现出良好的传播效果。所以，新媒体广告可以尝试各种新的广告形式。创造更多新的表达方式，强化广告的视觉冲击力，成为新媒体广告获得成功的关键所在。

互动性是新媒体广告的重要特点之一。通过互动，广告与受众沟通更顺畅了，而且新媒体资源的加入会使广告更加逼真，更能吸引受众的注意，受众主动参与到广告活动中，在体验中不知不觉地接受了广告所传达的信息。

二、互动类新媒体广告创意的模式

（一）新的广告形式

当今社会，人们越来越多地强调着交流与沟通，越来越广泛地使用着第一人称。消费者的自主选择意识也越来越强烈。传统的填鸭式的信息灌输已经为大众所厌恶。消费者已经不再满足于普通的DM广告单的传发，或者是车站旁的灯箱广告。商家要想重新吸引消费者的眼球，使自己的产品推广效率最大化，就必须探索新的广告形式。值得注意的是，近年来，新型的广告形式已经陆续出现，如植入式广告就是借助电影来进行宣传自己的产品，例如宝马、劳力士等公司赞助007系列电影。另一种是商业公司自我拍摄的微电影形式，可以把自己企业的核心思想以及企业内涵用数十分钟的短片来进行表达，当然产品本身也会不停地出现在短片当中。例如百事可乐拍摄的系列短片《过年篇》。这些新的广告形式，在一定程度上是成功的，让广告摆脱了过于浓厚的商业化气息，贴近了消费者的生活。但是，我们也需要看到的是，在这一类型的广告形式当中，消费者依旧处于被动接受信息的状态，依旧是信息的接受者而不是选择者与参与者。有人会说，消费者作为信息的被动接受者，只要他们看到了你所传递的图片信息、文字信息或者影像信息，那么就是成功的。这样的理解放到21世纪的第一个十年，也许是对的，但是，当跨入了21世纪第二个十年的时候，在互联网普及、信息量巨大且泛滥的时代背景下，这种广告方式势必会变得越来越低效。

（二）互动式广告

那么什么样形式的广告能在信息泛滥的当下，让消费者被其吸引和引导呢？非互动式广告莫属。

1. 线上式互动广告

互动式广告并不是一个崭新的概念，目前已经有策划成功的互动式广告，如可口可乐公司于2005年策划的线上广告《掀金盖篇》。广告由左右对称的两个横幅广告组成，左边图片是三个男孩站在篮球场上面，他们上方的文案为“freestyle街头篮球”“怎样玩才够爽”。当线上浏览者把鼠标移动到图片的上方时，处于最前方戴耳机的男青年上方自动弹出了新的文案“www.（省略)有更多方法让你玩到爽”，右边图片上方为可口可乐“掀金盖，畅饮畅赢，欢喜我的数码世界”活动标识，下面是两个晃动的可口可乐瓶子，中间的文案为“试试看，coke让你爽不停”。当鼠标移动到显示的图片上并点击时，可乐瓶中喷射出新潮的衣服来，并且砸到男青年身上，成为他的着装。男青年上方的文案这时也跟着变为“酷，快来一起玩”。鼠标再一次移动到右侧的图片上，可乐瓶喷出的可乐罐让在场的男青年全部消失，这时戴耳机的男青年一跃而起，成功扣篮。这样的广告就充分体现了浏览者的参与性，通过对鼠标的移动触发出不同的文案与情节，使消费者有一种特别的新奇感，同时也体现出可口可乐产品本身所具有的年轻与活力四射的特点。这种形式的互动式广告是借助了互联网的一种策划，它更强调的是线上的宣传与参与。但是这种广告方式在当时的技术上并不能移植到线下来，只能通过互联网进行宣传。这样一来虽然有互动了，但是受众的面积也减少了。

2. 情景式互动广告

图2-3是一则情景式互动广告。此互动式广告的创作机构WWF以致力于使人们认识保护自然的重要性而闻名于世。此作品把普通的抽纸盒转化成美洲的形状，把纸抽变成象征植物树木的绿色。人们每抽掉一张纸，随之而来的是绿色的减少。这让人们对保护自然资源有了一个非常直观的认识与体验。

在广告中获取亲身感受，并且参与到广告本身中来，体会到参与的乐趣。情景式互动广告的广告信息不再是简单粗暴化与强迫式，而是通过相容于生活环境当中，产生或诙谐幽默或严肃警醒的作用，使消费者的心理更容易接纳产品本身。情景式广告本身是依附于整个社会场景或生活用品当中的。这种情景式互动广告也是当今广告业的主要发展方向之一，并会渐渐成为广告的主流形式之一。

图 2-3　情景互动之抽纸盒

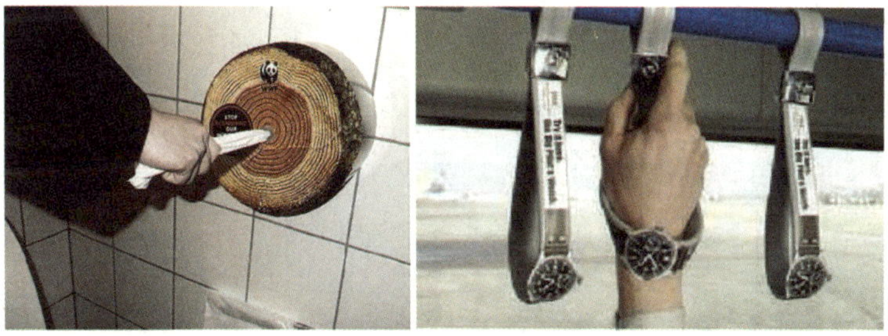

图 2-4　情景互动类广告创意设计

3. 线下式互动广告

随着科技的发展与进步，更多新形式的互动式广告出现在了人们的视野当中。特别是对电容式触摸屏技术的应用，使以往必须在线上通过鼠标来完成的互动形式，变成了线下活动或是在手机上进行传播。

总之，互动式新媒体广告确实较之传统的广告形式有着很大的区别，它具有很强的参与性和娱乐性，并且在其本身的发展上也呈现出多样性的特点。互动式广告相较于传统的广告而言，消费者由第三人称的视角变成了第一人称，参与到广告中来，并且在一定程度上通过广告得到了乐趣，放松了心情，打发了时间。当广告本身与消费者建立了良好的沟通时，广告的信息与理念的传达也会变得准确起来，其诉求目的也更容易被消费者所接受。

三、新的研究学科——交互式设计

如今不同领域、学科已相互合作，设计中也以用户使用物品或处在某一环境后的心理与行为（参与过程中的反应）为重点。因此人们拓展与总结出一个新的研究学科——交互式设计。而现在它又已开始潜移默化地进入到广告当中，使广告得到新的发展与延伸。为使广告能更深入人心，于是产生了交互式广告、互动广告、多媒体广告等之说。广告及广告业的发展也面临着网络化、数字化转型问题。以交互式发展趋势的广告也是广受关注的又一个当代广告问题。

（一）交互设计的认识

交互设计是指设计人与产品互动的一种机制，以用户体验为基础进行的人机交互设计。要考虑用户的背景、使用经验以及在操作过程中的感受，最终设计出符合用户需求的产品，用户在使用产品时符合自己的逻辑，有效完成并且高效、愉悦地使用产品。

通过交互设计的运用，产品的使用者可以更好地学习，快速有效地完成任务，访问到所需的信息，购买到所需的产品，并在使用过程中获得独特的体验、情感上的满足。交互设计的好坏会影响用户对产品的印象，同时也会影响用户对品牌的看法。好的交互设计会令产品赢得更大市场，提高用户对品牌的忠诚度，促进销量，从而给公司业务带来良性循环。

互动即是要共同参与，在交流过程中相互产生反应，相互影响。例如在展厅欣赏传统绘画作品，受众在观看过程中是被动接受作品信息，也许受众并不能直接领会作者的作品意图，而是以自己的知识背景与经验来理解、领悟作品。当今新媒体艺术作品正运用声、光、电等技术媒介将受众作为作品的一部分或作为作品作者本身。观众在欣赏创作的整个过程中同作品是合二为一的，受众与作品一同参与。受众角色发生了转化，不再是旁观者的地位，而是经由和作品之间的主动直接的互动，参与改变了作品的影像、造型甚至意义。他们以不同的方式来引发作品的转化——触摸、空间移动、发声等。不论与作品之间的接口为键盘、鼠标、灯光或声音感应器，抑或其他更复杂精密甚至是看不见的“扳机”，因受众的参与，作品才能继续进行或成为完整的作品。

（二）互动动画广告的创意策略

作为表达想象力丰富的故事和将独具一格的特征人格化的手段，动画广告创意是用动画的形式表现广告理念的一种有效的广告类别，它能将想象力与现实结合在一起。但是广告与动画之间的关系几起几落，先是极度依赖动画，继而多年不曾问津，随后在现今又再度被运用发展，但若称此为主流并不确切。那么，如何评价当今动画与广告的关系呢?

现今随着三维技术的发展，三维软件不断升级和多元化，动画片数字化、电影数字化，对于今天的观众来说，早已不是陌生的词句了。然而中国的动画广告虽然也有用三维制造效果，如格力空调、光明牛奶等，但效果总不尽如人意。动画人才的匮乏，尤其是兼通艺术与技术的复合型动画人才的不足，已经成为制约中国动画广告发展的关键要素之一。经过70多年的动画探索，中国的动画创作达到了一个很高的艺术水准，但是在市场上影响力不够，中国动画人也意识到这个问题。特别是在美国、日本等外来动画的冲击下，中国动画面临巨大挑战。中国动画制作者面对动画现状，显示了他们的魄力，在动画的制作体系和发行体系上都做了改进，借鉴吸收国外先进经验为己所用，并取得了良好的市场回报，同时，这一改进在广告业中也渐渐显现出来。我们稍微留心就可发现，国内广告用动画形式来表现的例子越来越多了，如早期的海尔兄弟和蓝猫、现在的喜羊羊等。这些卡通形象的成功，说明了动画是与市场的运作挂钩的，同样，动画广告也是如此。目前动画在广告中已经重获活力，而且这一状况还将延续下去。因为负责广告制作的那些人对动画的运用远比以前更加精湛成熟，我们在广告中看到许多“古人”复活了，并且并不是像摊贩的货物那样，而是作为流行文化的偶像。一般来说，这些人物都被以各种方式使用着，广告人以自己的方式使用这些形象，对它们加以创新或是显示出它们完全不同的一面。

我们甚至可以利用动画来完成真人拍摄所无法完成的工作。美国圣公会曾拍过一动画广告，广告中一个小婴孩从重重车辆中走出，如果你看到类似的真人演出的话那就糟了，正因为是动画效果，所以人们反而容易接受。在美国20世纪90年代以前这种手段曾极其流行，实拍与电脑动画并存于广告中，这成为当时的一种烙印，现在他们已不再经常使用这一艺术形式。当然，儿童用品仍以动画广告为主。

在广告中加上动画手段的话将变得更有说服力、更有趣，也更复杂。广告人利用动画来阐述他们正在竭力表达的一切，这就使得商业广告达到了另一重境界。你经常看到的动画形象，会让你更努力地去听去想广告的内容。

（三）动画形象问题

说到动画形象就不能不说说动画创作了。中国的动画创作从它创始初期就是积极开拓的，在动画的题材和艺术表现手法上都是丰富多彩的，讲述儿童喜爱的故事。但是有一个创作误区，就是纯儿童化展现。虽然在创作初期，动画片也与现实社会紧密相连，但在动画走入正轨后，动画创作的对象日益单一化。从《没头脑和不高兴》《大闹天宫》到《喜羊羊与灰太狼》等，多是针对儿童进行创作。这种创作倾向延续至今，在中国的动画创作中留下一块空白，同时也给市场留下了一块空缺。

相比之下，美国、日本的动画和广告在创作上思维非常活跃，题材广泛，有动物、儿童、少年或缠绵的爱情故事等。迪斯尼动画作品大都采取家喻户晓的童话故事为题材，以动画的特有形式，配上优美动听的音乐，极力表现温情世界。以“博爱”为中心，动物拟人化获得了儿童及家庭观众的喜爱。美国的动画广告已经相当成熟了，他们是用一种成人的思维模式在创作，所要表现的意义也具有一定的社会代表性和成人化，是真正将动画当作一种表现手法来创作的。

现在，动画作为一种视听艺术及大众化的艺术表现形式，已经越来越被公众所认知，具有高度的娱乐性、欣赏性、教育性。动画是一种综合艺术，更是一种艺术工程，现在人们仍不能认同动画不仅仅是卡通人物这一观点，但真正有创意的人已逐渐明白，他们可以把动画作为全新的创作技巧，从而达到其他形式表现不了的效果。

广告人要让客户明白动画广告不仅是卡通，而大多数情况下他们很难理解动画只是创作技巧，而不是一种风格。同样，某些客户可能会认为动画并不是一种成熟、严肃的有效传达信息的方式，但是广告公司负责广告创意的人对动画的理解绝不止于此。

（四）动画创意及其效果

中国动画创意创作一直秉承“寓教于乐”的宗旨，并取得了丰硕的成果，但是在这一过程中出现了偏离，“教化”意义被过分强调，主题先行使创作受到了阻碍，思想僵化，娱乐性的丧失使动画由大众走向小众。中国动画必须改变传统的创作方式，去走一条借鉴与创新的道路。以往的动画创作为我们提供了丰厚的艺术积淀，但是市场观念欠缺，观念的转化要做到市场观念和受众观念的同步转化。同样，动画广告也是如此。举例来说，一个广告人在选用动画制作广告时往往会小心谨慎，之所以使用动画应该有他自己的原因，很少有广告使用任何一种方式而效果却无区别。广告人应该先问问自己为什么要用动画，或者是否应该使用计算机制作的数字图像。

中国到现在为止，多数人对动画的概念依然还是“10岁以下儿童观看”，其实这种想法是十分错误的。一方面，动画与电影、电视剧一样，都是影视作品，只不过载体不同，不应有观众年龄上的偏见，优秀的动画作品应该是老少皆宜的。例如，我们可以用计算机制图来表现宴会的舞蹈，但这些数字图像更多的还是来源于生活。另一方面，动画更多地使人产生一种幻想，同样也让人感觉更加温暖和更具诱惑力，并把那些真人实拍中无法表达的想法给予充分展示。在国外，动画已经屡屡被用于对重要事件进行评论。动画并不是专为小孩子设计的，它也可以是成年人的交流方式，是模拟现实的有效形式。

（五）动画创意在网络上的应用

在网络上，我们现在看到的人物越来越具有数字化特征，而不是以一种平铺直叙的方式展开，但这并不是什么创新。许多人的动画模型以近乎格式化的方式出现，看上去，动画更多的是用来强调而不是作为完整的故事使用，它们并不构成广告故事或网站外观的主要部分，而只是整个创意中的附属物。和其他众多事物不同，在网络上，动画是最有效的不受任何外在阻碍的表达方式，这是动画在新传播媒介中所拥有的巨大优势。随着时间的推移，网络动画的持续发展俨然使它成为了一种主流宣传方式，人们也同样认识到这一点。

动画广告有着巨大的市场潜力，要突破思维定式，挖掘市场，使社会效益和经济效益形成良性互动。艺术水准为其长久的生命力提供保障，但良好的市场回报也为艺术再创作提供资金。在新世纪里，动画广告有更好的发展，除了与国际接轨外，还要结合本国的特点，具体问题具体对待。

四、情景互动广告

随着媒介技术的进步，广告发布渠道日趋多样化，致使人们在生活中接受的广告信息非常庞杂且碎片化，市场的竞争、广告受众的日常生活形式及消费心理的变化都对广告提出更高的要求。如何能以人为本、顺应消费者的心理，是广告推广的一个重要前提。“消费者真正想要的是刺激其感官，感动其内心和激发其想法的东西，他们需要企业做的是传达一种体验。”情景互动广告正是这样一种迎合受众心理的新兴广告表现形式，它在一定程度上摆脱了传统广告中强迫式的信息灌输，使广告更加具有趣味性，进而转变成一种受众乐于参与、互动、反馈的广告形式。这种“润物细无声”的推广模式既满足了消费者，也符合现代企业经营管理的理念。情景互动广告通常会借助于一定的人物或事物，使消费者在某种预设的情境中与广告产生互动，这使广告创意的呈现更加完整，传播的效果得以强化，消费兴致在情景互动的参与中被触发，并因其特殊的体验性而更加持久。

（一）情景互动广告的创意类型

情景互动广告的创意形式丰富而开放，可以因地制宜、量体裁衣，根据广告发布的内容和平台条件做出恰当的媒介和形式选择，找到在特定条件下最佳的互动位置和姿态，将受众的身体、感官带入到预设的情境，达成有效的情景互动。如果按照作用目标和载体特征来分类，我们可以将这种广告的创意类型做出如下三种区分。

1. 基于身体体验的情景互动广告

这种类型的情景互动广告要通过受众亲身参与到二维或三维的实物空间中，使广告的传达在与受众的现场互动中得以完成。在2012年情人节期间，丹麦著名建筑事务所BIG设计出互动灯光雕塑《发光的红心》。游客只要用手触摸电子开关，坐落在纽约时代广场上的LED发光装置就会闪现红色的心形，而且触摸的人越多，发光的范围就越大，为过往的情侣创造了新奇而浪漫的街头体验。这种人身与物体之间的触碰带来了新鲜的回应，引发了路人的围观和跃跃欲试的心理，人们可以短暂摆脱庸常生活的单调，在亲身参与中寻求心动的体验，从而与现场的装置达成有效的情景互动。基于身体体验的情景，互动广告通常在表现上具有很强的灵活性，在制作上可以采用各种巧妙手段与不同载体相结合，诱发受众参与并形成视觉、听觉、嗅觉、触觉、味觉等感官刺激和其他身体体验。因为这样的互动沟通，广告实现了完整的“传情达意”的过程，受众也因丰富的体验而增强了对广告的好感和接受度，从而促进了广告目的的达成。

2. 基于环境体验的情景互动广告

强调环境体验的情景互动广告和身体体验存在一定程度的关系，但它并非直接作用于受众身体，而是着力于创造一种特别的环境，通过环境的整体氛围把广告意图传达出来。派恩曾指出，产品是实体的，服务是无形的，而体验是难忘的。环境的体验更是具有感染力和渗透感。相比较而言，单纯的身体体验诉诸感官，即时、灵动但也可能转瞬即逝，而环境带来的体验却可能是升华的感受，含有可以持久发酵的因子，让人难以忘怀。

营造环境体验的情景广告摆脱了以大版面、华丽的颜色和形象博人眼球的流行做法，而是结合环境、材料、自然等元素巧妙地实施创意，具有趣味性和互动性，具有很强的体验感和记忆点。

3. 基于虚拟体验的情景互动广告

虚拟空间因为包含媒体技术的特性，所以成为情景互动广告利用的热点。与依赖于身体和现实空间的互动明显不同，以强调虚拟体验的情景互动广告借助于科技实现创意，在受众与虚拟空间之间架设沟通的桥梁，它可能模拟了身体和环境体验的姿态和效果，真实感由此而生，又超越了真实本身，这很符合让·鲍德里亚论述的后现代仿真世界的信息生产和传播的形式。我们可以从伦敦滑铁卢车站出现的一个虚拟实境广告观察这类广告的基本特征。在滑铁卢车站的地面上有Lynx产品图像和向上看指示的图标，当受众站在图标上，眼前巨大的显示屏就会呈现出虚拟成像的天使与受众互动。强大的数字成像和信息控制技术挣脱了真实的物理条件限制，使互动可以天马行空地展开，虚拟的场景、形象和交流不仅没有让人产生不信任感，还把新鲜的、更加无拘束的体验带给受众，受众本身也成为信息流通的节点，趣味性和参与性都得到了提升。该产品的广告宣传通过虚拟互动的技术达到了完美的实现，品牌形象跃升，这是数字时代广告紧随技术发展而更新自身形式的成功实例。

（二）情景互动广告的体验性特征与价值

1. 情景互动广告的体验性特征

（1）互动性

派恩和吉尔摩在《体验经济》中提出，经济的价值已经从生产日用品发展到商品、服务，并最终发展到了体验。体验性经济的发展体现在广告行业内的突出变化就是互动性广告的出现，特别是情景互动广告的应运而生。作为产品与消费者之间的中介，这类广告不仅承担着传达产品的体验性特征的任务，也积极运用新的观念与技术，致力于营造与受众互动的开放空间，创造丰富的情景体验。互动性在创造体验过程中起着关键作用，也是这类广告的首要特征。对互动的强调意味着与受众主体的平等交流，这背后反映了现代市场经济中对个体自由与选择的尊重，也是对新生活形式的确认和顺应。受技术、环境和精神需求的影响，当代消费者已经没有耐心接受强制式的广告输出，目前在市场上投放的广告，85%的广告是被消费者忽略的。在铺天盖地的广告中生活的消费者如何记住一则广告？或者说，什么样的广告才能在如此激烈的竞争中脱颖而出？互动性给出了答案。情景互动广告有别于传统媒体广告的封闭性，给出消费者的情绪流动的空间和主动性，利用各种载体、环境等元素的结合，巧妙制造出互动的装置和时空节点，受众因此成为体验的共同创造者，顺利提取了有关过去经验的回忆并产生新的情感想象，创造出一种深层次的品牌氛围。

(2) 娱乐性

从美学角度上来说，情景互动广告产生了丰富、多变的娱乐性，而这种娱乐性正是广告美学中很重要的审美特质。任何时代，人们所处的环境及内心状态都有对娱乐的强烈需求，即使在政治高压和文化禁锢的特殊时期，寻求快乐的心理也会突破压抑，找到释放的渠道。我们今天所处的消费时代则格外表现为一种“娱乐致死”的社会状态，很多消费产品如果失去了本可以具备的娱乐特质，就有被大众弃之如敝履的危险，失去创造价值的机会。尼尔·波兹曼在谈到电视的时候说：“娱乐是电视上所有活动的超意识形态。”更戏称当今时代除了娱乐业没有其他行业。撇开波兹曼对时代生活的批判意识不谈，我们至少得承认，娱乐性已成为价值产生的重要源泉。情景互动广告通过触发体验使人获享惊奇、刺激、抚慰、愉悦的心理满足，甚至带来情感的畅快抒发和超越当下的崇高感，这种积极的情绪和感受无疑会加强受众对品牌的接受度，产生对品牌的好感和依恋，这自然是传统广告的喇叭式宣传所无可比拟的。

(3) 个性化

广告信息的泛滥和创意的同质化使得受众会自动屏蔽大量的信息，这导致大量的缺乏个性的广告在投入之初就已失效。个性化是当今优秀的广告创意与制作所必须具备的要求。情景互动广告的优势在这个方面体现得非常明显：一方面，其自身的形式因结合特定的载体、环境而产生，出其不意的个性化是创意的内在要求，也是展开的基础；另一方面，由于这种广告的互动性向受众开放，每一位受众作为特殊个体的行为与心理的个性化便与广告的设置产生了差异性结合，这促发了个性化体验的复数生产，套用一句话来说，就是“同一个世界，不同的梦想”。所以，情景互动广告所具备的个性化超出了一般广告的此类要求：形式上，因特定的时间、地点和媒介的限制而不可复制；内容上，做到了“个性化”因人而异，广告由静态转为动态，可以产生复杂的变化。

2. 情景互动广告基于体验的价值创造

体验经济产生于物质、文化消费品充斥日常生活的当代社会，情景互动广告也产生于广告产品泛滥于每一个角落的消费时代，前者导出基于变化的经济形态的超前市场理念与行为，后者则紧密跟进了市场的新形势而探索了广告业的发展路径。体验经济时代的“体验”何以大规模地在大众中孕育？这无论如何也离不开广告的作用。人们在满足了日常消费需求之后并不会停止消费，那么超越必需品的消费其实就是对一种理想生活形态的追求，对时尚及生活体验的追求。这就产生了以消费行为和体验为核心的消费文化，此时的消费更加注重对产品及品牌的个性化体验，精神追求曾经是文化产品消费的重心，而现在也同样附体于物质产品的消费。因此，产品的品质塑造也超越了普通质量上的要求，注重品牌内涵与外在形象，简言之，就是需要强调个性化体验的包装与广告推广。以此为背景，情景互动广告在激变的传播理念和技术支持下，以互动性的情景设置轻松地调动受众的体验，并以娱乐性和对受众个性化的包容甚至迎合，重新俘获了处于广告审美疲劳下的消费者注意力。

目前，情景式互动新媒体广告在中国正在被越来越多地应用，其独特的视觉表现、丰富的感官刺激和灵活性、地域性的特点赢得了广告商们的青睐，消费者也乐此不疲。人们通过对这些广告的参与、讨论、传播和分享，给品牌带来曝光率和话题，加深了大众对品牌的印象，促进了产品的顺利销售和品牌的成长、壮大。以此来看，情景互动新媒体广告的确在一定程度上改变了广告传播模式在新媒体时代的窘境，拓宽了广告表现新思维，创造了新的价值。

3 第三章 广告创意思维的形态

第一节 创新性是广告创意思维的先导

“创新”在当代已成为人类最为关注和着力的方向之一，人类社会的进步离不开创新，创新存在于社会生活的所有领域。目前，人们经常谈及的创新，实际上是“创新”的日常概念，简单来说就是“创造和发现新东西”。

一、创新思维及其特点

创新思维是人们进行创新活动的前提和基础，一切需要创新的活动都离不开思考，离不开创新思维。

（一）创新思维的含义

我们认为，“创造性思维”除了强调原来没有的新东西之外，还有一个特点，即不是他人传授的也没有现成的规律可循。所以，创新思维是指以新颖独创的方法解决问题的思维过程，通过这种思维能突破常规思维的界限，以超常规甚至反常规的方法、视角去思考问题，提出与众不同的解决方案，从而产生新颖的、独到的、有社会意义的思维成果。

（二）创新思维的特点

思维过程的灵活性。创新思维过程往往表现出极大的灵活性和应变性。

思维解题的变通性。创新思维在解答问题的过程中，一旦遇到障碍，善于绕道而过，迅速灵活地从一个思路跳到另一个思路，从多角度、多方位探索、解决问题。

思维空间的开放性。创新思维需要多角度、多侧面、全方位地思考问题，形成了发散思维、逆向思维、求异思维、非线性思维等多种创新思维形式。

思维方法的辩证性。创新思维既包含抽象思维，又包含形象思维；既包含逻辑思维，又包含非逻辑思维；既包含发散思维，又包含聚合思维。

二、创新是广告创意思维的先导

创新在广告创意思维中具有举足轻重的作用，是广告创意思维的先导，在具体的广告创作过程中表现为“原创性”。被誉为20世纪60年代美国广告“创意革命”三大旗手之一的威廉·伯恩巴克，结合自身创作提出了著名的“ROI”创意理论，认为好的广告创意必须具备三个特征，即关联性（Relevance）、原创性（Originality）和震撼力（Impact）。其中原创性指创意的不可替代性，强调广告必须有所创新以区别于其他的产品和广告，广告创意应新奇独特，与众不同。没有原创性的广告，缺乏吸引力和生命力，不能从众多的广告中脱颖而出，同时，一味地追随与模仿别人的创意，往往只能为他人做嫁衣，最终避免不了失败的结局。

例如，感冒药品牌“白加黑”在强手如林的激烈竞争环境中能独辟蹊径，大胆创新，上市仅180天销售额就突破1.6亿元，一举位列当年感冒药市场的第二位，被业内称为“白加黑震撼”，其成功的秘诀源自于产品的创新和极富创意的名称，以及简洁明快的电视广告。

“白加黑”是第一个只在夜用片中保留抗过敏成分，而日用片不再有嗜睡副作用的感冒药，它以“白天不瞌睡”为卖点，确立了“黑白分明，表现出众”的市场定位。广告创意简单明快，“白天服白片不瞌睡，晚上服黑片睡得香”，清晰地传达了产品的市场定位，而且朗朗上口，容易记忆，使消费者对产品的功效有了明确的认识。

同样，大红鹰集团也进军感冒药市场，效仿“白加黑”的策略推出“达诺日夜片”，并为此投入巨额广告，其广告创意也是围绕白天和夜晚应分别服用日片和夜片而展开。然而该产品上市只风光了一时，很快就销声匿迹了。“达诺日夜片”败在了缺乏原创性上，“白加黑”已经明确提出了“黑白分明”的独特卖点，深入人心，而“达诺日夜片”还将焦点放在“日夜片”的区分上，没有任何新意，造成了消费者视觉上的麻木，它只起到了进一步加深“白加黑”品牌在消费者心目中印象的作用。

从上面这两个案例可以看出，是否具有创新性决定着广告活动的成败，体现了广告创意水准的高低。当然在实际的广告创作过程中，要使广告活动具有创新性，广告作品体现独创性，就必须从不同的侧面、相异的个体，塑造新的形象，深刻反映事物的普遍性，揭示客观的本质与规律。

第二节　逻辑性是广告创意思维的深化

创意一度被称为广告的灵魂，广告界盛行的观念是创意至上，如今众多的广告奖项，大部分也是颁发给有创意的广告，这样的观念和趋势导致了人们对广告创意达到前所未有的重视。广告设计师在创作的过程中，为了追求新奇的创意，将着眼点放在了新奇、刺激、震撼等因素上，而往往忽视了对基本常识的展示，忽略了广告对最简单的逻辑关系的表达，也使人们对广告创意思维产生了片面化的认识。在广告创意活动中，应该将逻辑思维和形象思维结合起来，共同促成创意的诞生。

一、广告创意思维的逻辑规范

在日常生活中，我们看到的广告作品大都是以形象的、直觉的、感性的形式表现出来，似乎没有多少理性的、逻辑的因素在里面，其实这是一种表象的误导。事实上，广告创作离不开逻辑思维的推理与分析，需要科学理性的指导。

著名的USP理论的提出者罗瑟·瑞夫斯就坚持主张科学理性的因素对广告创意的逻辑规范和制约，他认为，任何销售主张的提出，都应该建立在科学的数据分析和严密的市场调查基础之上，倡导广告是科学的创意理念。与他具有同样观点的广告创意大师大卫·奥格威也崇尚实证的科学精神，甚至连和他们主张相反的“艺术派”的代表人物伯恩巴克也并不排斥科学理性的作用。

逻辑思维不同于形象思维，它是用科学的抽象概念揭示事物的本质，来表述认识现实的结果，所以它能使受众对广告的认识从感性认知上升到理性认同，从而增加了广告的说服效果。

例如，某公益平面广告，通过对人的脸颊、眼睛和头发的特写，再现城市垃圾对人的容颜和形象的损坏，使人对城市垃圾产生了一个感性的认知，广告文案“你能承受吗?”以反问的语气引起人们的理性思考。该系列广告以清晰的逻辑思维和有力的逻辑推理告诫人们“保持城市清洁卫生就是保护自己的脸面”，使人们对城市垃圾的危害从画面的感性认知上升到了保持城市清洁这一理性认同。逻辑思维的运用大大增加了受众对广告内容的理解力。

二、广告创意规范的三种逻辑形式

根据逻辑思维的定义，逻辑思维主要以概念、判断和推理三种形式来对客观事物进行认知，所以，广告创意思维的逻辑规范也是围绕这三个方面展开的。

（一）概念要明确

概念在广告创意中最直接的作用是确定广告的核心概念。广告核心概念是广告诉求的关键点，具有穿针引线的作用，连接广告策划和创意以及广告的具体表现。广告核心概念的提炼需要严谨的逻辑思维，它是建立在创意人员客观调查、深入研究、比较分析的基础之上，归纳总结出来的明确的、精炼的、富于感染力的逻辑思辨成果。

一些成功的广告案例都归功于其概念的准确和精炼，如佳得乐的“解口渴，也解体渴”、创维的“健康电视”、百事可乐的“新一代的选择”、海尔的“海尔，真诚到永远”等。

（二）判断要恰当

判断就是对事物有所断定的思维形式，反映的是概念与概念之间的关系，对某种事物做出肯定或者否定是判断的显著特征。联系到广告创意，就是广告要通过严密的逻辑语言，建立起概念之间的合乎逻辑的关系，促成消费者对企业的产品形成有利于企业的判断。典型的一个例子是嘉士伯的“可能是世界上最好的啤酒”。这是一个比较恰当的判断，因为没有把话说死，所以不会引起消费者的反感。

（三）推理要符合逻辑

推理就是根据一个或几个已知判断推出另一个新判断的思维形式。要保证推理能获得正确的结论，必须同时具备两个条件：前提要真实，推理形式要合乎逻辑。演绎推理要求前提和结论之间相互关联，同时还要有充足的理由来得出结论，尽管归纳推理和类比推理不要求前提与结论之间必须具有必然关系，但作为寻求结论的目的而言，我们主观上还是要求尽可能地由前提导出可靠的结论。

脑白金的逻辑推理："让一亿人（中国人）先聪明起来！"这个广告语犯了一个致命的逻辑错误，那就是前提是"中国人全是傻瓜、笨蛋"。

在广告创意过程中，演绎推理对广告创意思维的制约仅表现在法律法规、广告规律对创意的制约上。归纳推理对广告创意思维的制约主要表现在两个层面：一是对实验、观察、调查所得到事实的归纳推导和总结，其结论是广告创意的现实依据；二是在表现过程中对素材、表现元素的归纳。

三、广告创意的逻辑表现

（一）对广告信息组合的逻辑推理

广告信息是广告要传达给消费者的具体内容，是广告的主体，也是广告受众直接接触到的关于产品的信息，广告能否打动消费者，关键体现在广告信息的逻辑推理上，只有具备推理性的广告，才能引起消费者的深入思考，才能加深对广告的理解和记忆，最终获得消费者的认同。

针对某一种不必用开瓶器就能打开的啤酒广告，有这样一则广告创意：画面是一位其貌不扬、衣衫褴褛的五十岁左右的老年人，他右手拿着啤酒，对着电视观众说："这今后不必再用牙齿了！"随即得意一笑，就在他笑的一瞬间，人们发现原来他一颗门牙也没有了，这样人们在惊奇之余，很快就强烈地感受到这种不必用开瓶器就能打开的酒瓶所带来的好处，既形象又能久久回忆，给人们留下非常深刻的印象。这则广告有明确的思维线索：啤酒的特点—消费者的利益—人性的满足；不用开瓶器—方便省事—关心爱护。信息的组合中存在内在的逻辑推理性，引发受众对这种酒瓶好处的认可，并隐含了一个更深层次的含义：这种酒瓶是对您的关心和爱护。

（二）广告语言表述的鲜明准确

广告语言是传达广告内容的文本信息，广告语言要表达准确，没有歧义，语句要符合逻辑和客观存在，要避免不良的引申义，语句要围绕信息内容准确无误地展开。

例如，"农夫山泉有点甜"的广告语表述严谨准确，"有点"客观地表达了农夫山泉的水质特点，符合科学事实，不夸大，不吹虚。同时广告语言的准确表述还体现在语句中所蕴含的逻辑推理性上，该广告语给消费者传达了一个隐含意义，农夫山泉是一个无污染又含微量元素的天然水品牌，让消费者将它和纯净水做比较，因为纯净水缺乏人体所需的微量元素。该广告语通过严谨的说辞，引起消费者的理性思考和逻辑推理，最终促成消费者的选购。

第三节　联想是广告创意空间的拓展

联想是一种重要的创造性思维方法，是指由当前感知的事物想起另一有关事物，或由想起的一种事物的经验，又想起另一种事物的经验的心理过程。

一、相似联想

相似联想来源于“类似律”。“类似律”是将形似、义近的事物加以类比而产生的联想，所以相似联想是由一事物想到在性质上与它相近或相似的另外事物的联想方式，如由挺拔的松树想到坚强的人、由盛开的鲜花想到青春的活力等。在广告创意中，相似联想思维的关键是发现异质事物之间的相似性，异质事物之间的跨度越大，跨越的经验层面或者领域越不相关，创造出的作品就越有新意。例如，在辣味番茄酱的广告中，“番茄酱”和“舌头”本是两个相异的事物，分别属于不同的领域，一个是味觉领域，一个是视觉领域，但广告通过创造相似性，将两者联想到一起。瓶口流出的番茄酱犹如伸出的舌头，两者在形状上相似，且舌头和番茄酱在颜色上也相似，这两种相似通过创造性的想象联系起来，调动人们的视觉、味觉两种感受，舌头的颜色传达出番茄酱的品质，使人们通过舌头的视觉感受，似乎也体会到番茄酱的辣性。这则广告通过视觉形象和心理感受两个层面的相似联想实现了人们对产品品质的认知。在广告创作中，这种相似联想存在于多个层面上：有主观的，也有客观的；有视觉、味觉、触觉、嗅觉、听觉等感觉层面的，也有语言层面的词语的谐音、构型等方面的。

二、对比联想

对比联想来源于“对比律”。“对比律”是指对于性质和特点相反的事物产生联想，所以对比联想是指由一事物的感知或回忆想到与它具有相反特点的事物的回忆，从而设计出新的项目的一种联想方式。比如，由朋友想到敌人，由虚伪想到真实，由战争想到和平等。

对比联想是加深对事物性质和特点的认识的一种有效思维机制。在广告创作中，为了让消费者对产品产生很好的认知效果，在进行广告创意时，运用对比联想是一种常见的表现产品特点的思维方法，如通过产品使用前后的效果对比是广告创意经常使用的一种手段，如人在沙漠中的干渴状态与喝了消暑饮料的状态对比，使人倍感饮料的诱惑。另外，在具体的作品表现中，对比联想思维也处处可见。比如，金纺柔顺剂广告，画面运用不同性质和属性的视觉元素做对比，“使带硬刺的仙人掌变成柔软的毛袜”，来形象地说明产品的柔顺效果好。还有某些药品和牙膏、化妆品等产品广告，为了强调本产品的作用和功能，常以使用此产品的前后状态做对比。为了突出特点和引人注目，广告中应用最多的是颜色、大小、质地、虚实等对比。

三、接近联想

接近联想源自于“接近律”。“接近律”是指对时间或空间上接近的事物产生的联想，所以接近联想是由一事物联想到在时间上或空间上相接近的另一事物的联想方式。比如，节日与礼品是时间上的接近，提到节日很容易联想到礼品，而河与船是空间上的接近等。由于时间和空间是事物存在的形式，所以时间上接近的事物，总是和空间上接近的事物相互关联，反之亦然。广告中应尽可能地用这一规律把事物之间在时空上的接近关系表现出来，以利于消费者唤起与此相近的想象。

例如，某鸡蛋广告，要想表现鸡蛋是“新鲜”的主题，可能想法和创意举不胜举，但是如何采用空间接近和时间接近来使消费者联想到“新鲜”的特征呢？我们可以设想这么一个画面：一个稻草窝边，放了两三个鸡蛋，其中一个鸡蛋的蛋壳已经破裂，流出鲜黄的蛋液，从稻草窝往远处的画面是带有蛋液的鸡爪子走向远处的爪印。这样一个创意很好地利用了接近联想，从“新鲜”想到鸡蛋的来源，又想到了稻草窝，由稻草窝想到母鸡刚下的鸡蛋，这是一种空间接近；画面则向人们传达了这样一个含义，即笨手笨脚的母鸡产完蛋后，离开时不小心将一个鸡蛋打碎了，从而留下了清晰的、带有蛋液的、尚未干的爪印，这体现了时间上的接近联想。

四、因果联想

因果联想源自于“因果律”。“因果律”是指对逻辑上有因果关系的事物产生的联想，所以因果联想是由一事物想到和它有因果关系的其他事物的联想方式。客观世界各种现象的相互依存性、联系性和制约性，构成了它们之间的因果关系。某个或某些现象的发生，引起另一个或一些现象的发生，成为因果关系。比如，早晨看到地面潮湿，会联想到昨天晚上是否下过雨。

在广告创意中，这种因果联想经常用来揭示某种产品可以满足消费者的某种需求，把产品传达的核心观念和消费者的需要观念联系起来突出产品独特的个性，以达到促进销售的目的。比如，凤凰自行车针对青少年消费群做的广告：通过调查找到了当代青年具有一种想长大成人以追求新生活方式的强烈愿望的特点，将广告口号设定为“独立，从掌握一辆凤凰车开始”，帮助消费者把产品与其自身需要之间的内在关系联系起来，效果较好。

总之，联想是一种重要的创意思维方法，联想拓展了广告创意思维的空间，联想思维是广告创意思维不可缺少的部分。在广告创意中，经常用联想来引起消费者的注意，帮助他们记忆，延伸广告在消费者心目中持续的时间，并影响他们的情绪，可以促使消费行为的产生。联想有很多层面，广告创作不能只停留在简单的联想层面，这样容易造成作品的雷同，要想产生与众不同的效果，就要找出事物之间深层次的联系。同样，联想的方式也是多种多样的，采用什么方式，联想什么不联想什么，与广告创意人员联想能力的高低有关，而作为广告创意人员，联想的能力需要长期训练才能养成。

第四节　幽默是广告创意戏剧性手法的运用

随着市场竞争的加剧和技术的进步，传统的直述式的广告表现方式越来越难以调动消费者的情绪，各种创意手法层出不穷。在众多的广告表现手法中，幽默的创意方法成为衡量创意水准的一个指标，从历年的戛纳、克里奥、纽约等广告大奖的获奖作品来看，多属于运用幽默手法的佳作。幽默法在广告创意设计中巧妙地再现戏剧性的特征，抓住生活现象中局部性的东西，通过人物的性格、外貌和举止或动物的某些滑稽可笑的特征表现产品或观念信息，幽默创意的特色是追求最大的戏剧效果，在取悦受众的同时传达广告的诉求。

幽默广告也以其风趣、轻松、诙谐、充满乐趣等特点，被越来越多的消费者所接受和认同，幽默广告在逗人发笑的过程之中，将产品的信息深刻地印在消费者的脑海中，同时也在一种轻松的氛围中，得到消费者的认同。广告大师波迪斯认为，“巧妙地运用幽默，就没有卖不出去的东西”。虽然此说法有些夸张，但也确实反映出幽默广告的魅力所在。

一、幽默及其特点

从广告创意以及思维的角度，我们可以这样来理解幽默：幽默是微笑的护照，它是通过影射、讽喻、双关等修辞方法，以一种理性倒错技法寓庄于谐，将广告的信息用诙谐的方式来表达，使人们在轻松和愉悦中感受到其深刻的内涵。广告作品如果以某种有趣的、有悖于常理的情节引人发出会心的微笑，就可以称之为幽默广告。幽默广告是以笑为中心的重要表现形式，这和当代广告注重娱乐、艺术和美的发展趋势是一致的。

幽默常会给人带来欢乐，其特点主要表现为机智性、含蓄性和趣味性。

（一）机智性

机智性是指幽默在一瞬间产生的化险为夷、化劣势为优势、反败为胜的一种睿智的表现。我们有时会面临一些尴尬的、危急的、剑拔弩张的局面，在这些情况下，智商高的、随机应变能力强的人往往会急中生智，快速巧妙地扭转乾坤。幽默对机智性要求很高，既要求有诙谐可笑的形式，又要注重内容与形式、主体与表现的统一，所以说幽默能力与人的智商成正相关关系，幽默也是人类智慧的结晶，是一种高级的思维能力。

（二）含蓄性

含蓄性是指幽默经常通过曲折隐晦的语言形式，把自己的思想观点暗示给对方，而不是直言正意。幽默不仅是制造一些简单的笑料，还包含着某种只能意会不能言传的东西，需要人们去领悟、去深思。在幽默中，经常先将自己要说的意思深藏起来，用旁敲侧击的方式点到为止，把真实意图留给对方去揣摩。幽默的含蓄性也体现了受众极大的参与性与互动要求。如果把自己的意思直接说出来的话，就不会有幽默的产生，也会降低受众的参与度。

（三）趣味性

《幽默与人生》的作者鲁特说：“幽默是一种特性，一种引发喜悦，以愉快的方式娱人的特性。”幽默所带给人的笑是微笑，是以曲径通幽的方式，使人产生含蓄、会心的笑，它表达的意义更深刻，看似简单的三言两语，但却妙趣横生，带有一定的哲理性，使人能在轻松愉悦中领悟到其中蕴含的智慧和哲理。同时，幽默是一种调味剂，是一种轻松、自信、豁达的表现，是一种良好的调适与休息，使人在笑声中释放情感，获得美的享受。

二、幽默思维的特征

幽默作为一种特殊的思维方式，与一般常规的思维方式不同。常规思维是人们依据常理和习惯而进行的定向思维。幽默思维是一种辩证的超常规思维，或者说是一种特殊的辩证思维。只有发掘出幽默思维的独特性，才能解开幽默的神秘面纱，才能在实践中更好地运用它。幽默思维具有不同于常规思维的特点，与常规思维相比较，幽默思维的特征主要体现在以下几个方面。

（一）超越常规性

幽默思维是对常规思维的超越或背叛。幽默思维不像常规思维那样，能进行理性的推理和论证，所以幽默思维中也有推理和论证的成分，但并不是企图确立论断的真实性，它只不过以荒诞的方式博得人们的开怀大笑。对于一个问题做出新奇巧妙的解释，才能在前后言语、前后因果之间，造成一种不合常理的、出人意料的艺术效果。如果从常规、理性出发，我们得到的就是科学认识，幽默的效果就散发不出来。例如，苏东坡为朋友的诗打十分，问其原因，他解释道“七分是读，三分是诗”，加起来刚好是十分。在常理的思维中，十分就是说他的诗写得非常好，但是苏东坡的这种解释却超越了常规思维，充满了智慧和幽默，做出了出人意料的新解，博得人们一笑。

（二）似是而非性

幽默思维的似是而非性主要表现在内容和形式的相悖中。从形式上看，幽默语言的形式与内容的表达总是不一致的，互相背离甚至相互矛盾；从内容上看，它们又是相一致的。幽默思维体现在表达形式上的相悖与内容实质上的有机统一。幽默思维具有一定的欺骗性和巧妙性，它致力于拉近形式的合理与内容的荒诞之间的距离，即以看似正确的思维形式来表达荒诞的思想内容。比如，“对于女人来说，考古学家是最好的丈夫，因为妻子越老，他越爱她”，从表现形式上看是合理的，从内容上看却是荒诞离奇的，内容和形式是相悖的，幽默的特点正是这种“合理”与“荒诞”的高度统一。

（三）辩证的合理性

在幽默中，常常表现出一种“大智若愚”的特征。幽默思维看似是对常理的超越和背离，但是“却不是在混乱中失去了日常的理性，而是沿着理智的轨道带我们到荒诞之地寻游一番”。幽默思维对常规常理的超越与背离不是任意的、诡辩式的，而是存在某方面辩证性的合理因素。所以，在幽默中，超越常规性与辩证合理性是统一在一起的，幽默总是看似很愚蠢，实则体现大智慧、大道理。比如，有这样一个定义：“专家就是那些对越来越少的事情知道的越来越多直到最后对虚无无所不知的人。”照此定义，无所不知的人实际上是毫无用处的人，定义者是多么的“愚蠢”，但是那种极力吹捧的幽默却是高明之至。

三、幽默思维的广告表现

在具体的广告创意表现中，幽默思维颠覆大众的惯常思维，利用戏剧化的手段，吸引人们的注意，调动人们的情感，使人们产生联想，对广告信息产生清晰和持久的记忆。幽默思维在广告中主要体现在两个方面：一是含蓄但十分耐看的故事；二是出乎意料的结局。幽默思维具体表现在对荒诞、夸张、诙谐、比喻、拟人等的运用。

（一）荒诞

荒诞就是虚言，不足为信。荒诞是一种审美形态，广告中经常采用荒诞的、离奇的、反常规的创意来产生幽默和戏剧性，增加了广告的趣味性，使人们在开怀大笑之中，对广告产生好感，从而加深对产品信息的记忆。

例如，挪威Braathens Safe航空公司的广告创意，戏剧性十足。故事讲述的是一个红胡子的男人一路急匆匆地回家，一边憧憬着与妻子亲昵，从门缝中看到妻子坐在屋里，他便迅速地脱光衣服，嘴里叼着一朵玫瑰花，但是打开门后突然发现旁边还有岳父岳母，和妻子一起正在喝茶。岳父岳母意外地获得了航空公司的半价机票便远道而来了。画面中一个茶杯巧妙地挡住了受众的视线，但是一家人惊愕、尴尬的神情显而易见。这则广告生动有趣，有些荒诞但形象地反映了人们因一时冲动的旅行带来的兴奋与意外，这些都是拜航空公司所赐。这则广告很好地证明了幽默为什么是广告信息传播中一个不可或缺的因素，无论是戏剧化地表现了人们的需求，还是暗示某种治疗感情伤害的温和的方式，幽默广告都以其生动的、让人难忘的方式与受众产生共鸣。

（二）夸张

幽默通常伴随一定程度的夸张，夸张的手法可以增加整个广告的幽默感，让人看过以后在觉得轻松愉快之余，达到传播产品信息的作用和目的。幽默广告中的夸张要戏剧性、巧妙地再现产品的特征，抓住生活中的特有画面，夸大或夸小，运用似是而非的逻辑推理，以变形的方式来表现事物的特点，给消费者一种幽默的视觉空间，当然这种变形一般要和产品的特性联系在一起。

德国WMF厨具是以高品质和种类齐全著称的，尤其是其刀具更成为世界上最硬的和最锋利的厨房刀。平面广告画面是这样的：刀架被切开，刀滑落在地，你见过这么锋利的刀具吗？广告通过夸张的表现形式反映刀具的锋利和结实。

（三）诙谐

幽默的广告通常采用诙谐的表现手法给人一种搞笑的效果，引起受众的注意，从而可以使消费者对产品产生印象，激发购买欲望。

Wallis服装广告就是十分著名的幽默式广告。画面中展现了潜在的危险：汽车撞坏了栏杆即将掉入河中，理发师即将割破客人的喉咙。为什么呢？因为他们都被穿着Wallis服装的美女而吸引。通过广告中的幽默情节，诙谐地告知人们Wallis服装的诱惑与迷人。有些不可思议，但却又在情理之中，因为每个人都追求美的事物，也自然而然因为“美”而闯祸。

（四）比喻

比喻是幽默广告常用的修辞手法，是通过事物之间的相似点，把一个事物与另一个事物联系在一起，用熟悉的事物来解释不熟悉的、抽象的事物的一种修辞方式。幽默广告中比喻手法要求有丰富的想象力，联系在一起的两个事物之间的跨越性越大，涉及的经验层面越不相关，反差越大，越能产生幽默感。

沃尔沃汽车的“耳光篇”是以比喻的手法将人的两腮比作沃尔沃汽车的两侧，以耳光的击打比喻来自汽车两侧的危险的冲撞，用鼓起的双腮比喻沃尔沃汽车座位两侧配有安全气囊可供缓冲，同时把每次的击打配以汽车的急刹车声音，比喻恰当而且别出心裁，诉求清晰有趣，令人拍案叫绝。

（五）拟人

拟人主要是指利用动物的幽默，动物搞笑的效果远比人搞笑更能吸引人。给黑猩猩戴上墨镜，再叼根烟，让熊猫穿上内裤等，这种幽默效果可想而知。

例如，“百威”啤酒的狗与骨头篇广告：主人喜欢看的电视开始了，但无奈他的宠物大狗牢牢地占着电视机前的座位，看来是宠物狗也看到了自己喜欢的节目。无奈之下，主人灵机一动，拿了一只骨头来诱惑狗，可爱的大狗终于敌不过骨头的诱惑和人类的智慧，从电视机前跑开了。主人得意地坐到了电视机前，心里也许正为自己的聪明沾沾自喜。孰料这时他的大狗叼着一桶“百威”啤酒跑出来了，这可正中主人的软肋，主人连忙追了过去。聪明的大狗趁机又稳稳地占住了电视机前的座位了。一场狗与人之间的智慧较量，将人对“百威”的喜爱轻松又形象地表达了出来。人可以用骨头引诱狗，狗就能用啤酒诱惑人。创意者就这样幽默了一把，又将这种喜欢表现了出来。

总之，幽默思维体现了广告创意戏剧性的一面，以轻松愉快、引人发笑的调子，遮蔽了广告直接劝说、敦促购买的功利印象，克服了消费者对广告的怀疑与抗拒心理，使他们在兴奋、愉快的情绪体验中，对广告产生深刻的印象，进而对广告及品牌形成良好的态度。当然，广告创意也不能滥用幽默，首先要考虑目标受众的情况，同时应该将产品的特性与广告的幽默点完美地结合起来。另外，还要注意，不是任何产品都适合进行幽默型的广告思维。一般来说，理性卷入少、感性特征突出的产品，如软饮料、糖果、餐饮、旅游、娱乐、玩具等产品，适合于幽默的广告思维；而高理性产品，如与生命、资产、汽车等有关的产品，则不适宜进行幽默型广告创意。

4 第四章　新媒体时代网络广告中的视觉传达设计研究

第一节　网络广告概述

一、网络广告的概念

（一）网络广告的概念

1. 网络广告的起源

追溯网络广告，最早起源于美国。1994年10月27日，美国著名的Hotwired杂志在互联网上首次推出了Hotwired杂志网络版，并在网站上推出了网络广告。此举标志着网络广告的诞生。这一举动立即吸引了AT&T等14家客户在Hotwired网络版上发布广告。而且，更让人惊喜的是，当时的网络广告点击率竟然高达40%。这充分说明了网络广告的诞生是符合消费者需求的。

2. 网络广告的概念

那么何为网络广告呢？所谓网络广告就是在网络上做的广告，主要以确定的广告主通过付费方式运用网络（因特网、万维网）媒体劝说公众接受或认可某种商品或进行品牌宣传的一种信息传播活动。其主要通过利用网络技术，把广告、文本链接、多媒体的方法在互联网上表现出来。通过互联网刊登或发布广告，并且利用网络本身的技术将网络广告传递到互联网用户的一种高科技广告运作方式。这种全新的运作方式与传统的四大传播媒体（报纸、杂志、电视、广播）广告相比，网络广告备受广告主青睐。因为网络传播迅速，制作成本低廉，互动性强，广告信息收集及时等优势，是实施现代营销媒体战略的重要部分。互联网作为一个全新的广告媒体，具有速度快、效果理想的特点，是中小企业进行广告宣传产品推广的重要途径，对于广泛开展国际业务的公司更是如此。

（二）网络广告分类

根据网络广告的划分方法的不同，网络广告的形式也是多样的。一般有以下几种划分方法。

1. 根据发布和传播方式划分

该划分下的网络广告有网页直接显示的广告、分类广告、电子邮件网络广告、搜索引擎广告和网络定向广告。

2. 根据表现形式的划分

该划分下的网络广告主要有文本广告、图片广告、视频广告和动画广告，这些形式的网络广告类似于传统广告形式的单向传播，可以添加广告链接。

3. 根据在网页中的位置划分

该划分标准下的网络广告主要形式有擎天柱广告、通栏广告、画中画广告、游动式广告和自动弹出式广告。

4. 根据广告尺寸大小划分

根据广告尺寸大小划分，网络广告主要有按钮式广告、旗帜式广告、横幅广告、全屏广告、微型网站广告等。

5. 根据广告设计划分

根据广告设计划分，这类广告主要有多媒体广告、鼠标响应广告等。

在以上这些划分形式中，最传统网络广告之一就是横幅广告（Bannerads）。所谓横幅广告是指以GIF、JPG、Flash等格式建立的图像文件。通过将其定位在网页中表现广告内容，并且可以使用Java等语言使其产生交互性，用Shockwave等插件工具增强视觉表现力。横幅广告通常以限定的尺度大小来表现商家广告内容的图片，主要尺寸有480×60像素，或者233×30像素。通常出现在网站主页的顶部或者底部，其表现形式如传统的报纸广告的报眼广告。横幅广告主要有三种类型：静态横幅、动态横幅和交互式横幅。

其次是电子邮件广告，英文称Email-advertising，是通过互联网将广告发到用户电子邮箱的网络广告形式。这种将广告发布到用户的形式与平面广告中的直邮广告相似。它具有针对性强、传播面广、信息量大特点。

第三是自动弹出式广告，顾名思义，就是用跳动的图标和字眼呼唤你去点击，同时伴有动画和声音，也称“插入广告”“弹跳广告”。

第四是链接式广告，幅面较小，可能仅仅只是一个小图片，或者以一个小动画，甚至可能只是一个提示性的文字标题。另外，按钮式广告和图表广告也是常见的链接式广告。

第五是网页广告，网页广告是通过整个网页广告来传递广告信息。企业的网页广告，一般做在自己的主页上，在其他网站媒体上，通过购买带链接的广告形式从世界第一个简单的旗帜网络广告到今天纷繁多彩的网络广告，网络技术的进步及发展对网络广告的创造力和表现力起到了至关重要的作用。随着人类科学技术的不断进步，以及网络技术的快速发展，在不久的将来，网络广告将呈现出更多的形式。但不管网络技术如何发展，网络广告视觉方面的表现好坏也是决定网络广告发展的一个重要元素，因此，网络广告的视觉传达设计研究和发展也是非常重要的。

（三）网络广告的媒介特点

网络广告作为一种新型的广告媒介与传统媒介广告相比，拥有自身一些独特的特点。

1. 广告传播网络化

这是网络广告的基本特征，网络广告的载体就是国际互联网，网络广告离开网络也就不能称之为网络广告。广告传播需要以互联网为载体，进行信息传播。

2. 互动性强

广告信息交互性是网络广告区别于传统媒介广告的一个典型特征。网络用户可以自主选择网上广告内容，并且还可以和广告信息进行互动，从而使广告信息与受众随时沟通，广告主也可以随时接受反馈信息。

3. 信息容量大

传统广告费用要受媒体播放时间以及刊登版面限制，因此，在传递的信息内容上必须重点突出，有的广告仅仅就一句话，很难将信息要点传递给受众。一般电视广告都是以秒计算的，但在互联网上发布广告，在一定的费用下，可以通过无限制的增加广告量来增加广告信息，突破了传统媒体信息量根据费用而变化的情况。

4. 广告对象的广域性

传统媒介要受到地域或信号的限制，如报纸杂志广告受发行区域的限制，广播电视受传播信号覆盖的限制。IW互联网由网络联结着全世界的计算机，真正让地球变成一个村落。通过互联网发布的广告不受时间和地域的限制，在任何一个网站上的广告都有可能被任何一个地区上网的网民看到。因此作为广告媒体，网络传播信息的范围极广，接触到信息的人越多，广告效应也就大的多。IW网络邮件广告，可以轻而易举地对全球所掌握客户的邮箱地址定向发放，广告对象不再局限于某一个狭小的区域。

5. 网络广告与营销可以一体化操作

传统的媒介广告信息传递给受众之后，如果受众要采取购买行动，还需要一个过程才能产生购买行为，但是网络广告可以成功的将广告和营销进行一体化操作。比如网络用户对某个广告中的商品产生了兴趣，可以立即进入购买页面，填写订单、签订合同、网上支付，完成消费行为。

二、网络广告的现状

由于现代网络技术的不断发展，网络广告也逐渐从最初简单的横幅广告形式发展到具有现代创意，又具有信息传递，同时具有艺术品味的网络广告设计作品。因为网络广告创意的好坏直接影响着广告受众或者普通受众对网络广告的点击。

（一）网络广告的优越性

1. 制作成本低廉，广告费用低

网络广告具有电视广告的诸多特性。其具有声音、色彩、图形等视觉符号，具有动态的表现特征，但是网络广告相对于电视广告而言具有制作成本低廉的特点。可以真正做到“花最少的钱做一次覆盖全球的广告”。

2. 突破时间和空间的限制

网络广告发布不受空间和时间的限制。而且广告主不需要专门委托广告公司设计制作广告，如果懂得一定的专业技术和设计知识，可以自己随时在网上制作并发布。它突破了传统广告要提前购买版面或时间的限制。

3. 精确统计，有的放矢

一般传统媒介广告，广告主很难精确统计有多少人接触了广告信息，仅仅只能做个大概模糊的推算。但是在物联网上发布广告，可以通过访问系统准确计算出每条广告信息的点击次数，还可以了解目标群体接受广告的时间和地区分布。另外，还可以针对相关的网民实施不同的广告策略宣传，真正做到把某一类人群作为广告传播对象，有的放矢。

4. 全方位展示产品功能

网络广告中的虚拟网络广告具有全方位展示产品功能的特效。比如汽车、家电类网络广告可以全方位展示产品的功能，说明产品使用情况。如图4-1所示的别克汽车网络广告，消费者可以360度任意角度观看车型，并且，消费者可以通过网络打开车门，查看汽车内部设计，还可以发动汽车，操作仪表，体验驾车乐趣。这些都是传统媒介无法做到的。

图4-1　别克网络虚拟展示广告

网络广告以上众多的优势和特性吸引了众多的企业选择以网络广告的形式推出产品。但与此同时，网络广告中也出现了不利于网络广告发展的一些问题。

（二）网络广告中出现的问题

如今，网络广告也面临着一系列的问题。愈来愈多的网络广告不顾浏览者的心情，强行抢占浏览画面，导致网络用户甚是头疼，越来越多的网页浏览者对某些网络广告的厌恶情绪日益强烈。如何解决这些问题，需要相关的法制部门采取法规措施避免广告的强行弹出，另外需要设计工作者设计网络广告时在视觉传达设计上更能吸引网络用户，从而避免让用户讨厌的心情出现。

1. 视觉传达设计水平整体偏差

由于网络广告制作成本低廉，更多的企业选择了发布网络广告。但同时，网络广告设计制作公司也良莠不齐，众多网络广告在视觉表现方面出现了整体偏差的状况，一些广告仅仅是简单的图形文字的拼凑，完全忽视了设计美学，忽视了消费者的情感需求。这样缺乏创意和内涵的广告，受众在浏览网页时容易对某些网络广告产生厌烦情绪，从而导致越过网络广告直接点击自己关注的内容。

2. 缺乏相关法律监管，干扰性强

如今，当网络用户打开网络浏览网页时，众多弹出式广告便跃入眼帘。当用户把弹出式广告关闭之后，这些弹出式广告强行再次弹出，甚是让用户大伤脑筋。众多的弹出式广告以及其他形式广告缺乏相关的法律监管，造成了对用户的不良影响。

在面临网络广告这些劣势时，作为网络广告设计工作者，应该主动出击，从网络广告的视觉元素特征出发，从消费者情感需求出发，设计出优秀的网络广告，做出既能真正为广告主服务，又能为消费者带来切实利益的广告。

第二节　新媒体时代网络广告的视觉语言元素

科技与信息技术的发展，使网络广告作品形式日新月异。极富创意的网络广告作品影响着我们的生活。看似光怪陆离的网络广告，其实是受商品的特性所决定的，在这些丰富多彩的网络广告中，图形、文字、色彩、版式都对信息的传递有着不可替代的作用。同样在网络广告中，这些视觉元素也有着自己重要的意义。

网络广告是一种营销手段，传递商品信息是其直接目的，但它更是一门艺术。网络广告设计作品更是一件艺术设计作品，我们要用美的眼光去看它，更是要用美的原则去设计它。

一、网络广告视觉语言

广告是一门说服性的艺术，主要依靠一定的视觉语言说服消费者购买其产品或接受其服务。网络广告的目的同样如此，同样是吸引消费者劝其采取实际行动。但网络广告要实现其传播效果，其过程离不开视觉语言的表述。网络广告主要通过视觉语言元素吸引消费者的注意力，而如何吸引消费者的注意力，则需要有消费者感兴趣的内容。而这些感兴趣的内容，往往是需要视觉语言进行表现的。网络广告视觉语言主要有图形、文字、色彩、版式等。通过对这些视觉语言元素的创意设计，通过一定的形式法则，设计出优秀的网络广告，才能吸引网络用户的注意，进而达到实施行动的终极目的。

二、网络广告中的视觉语言要素——图形元素

图形是网络广告中最主要的元素，它能够非常直观地展示和表现广告所要表现的主题和信息。美国韦伯州立大学的希乐·约瑟夫博士，做了一项实验表明读者在阅读一个报纸版面时，最先注意到的是图片，然后才是标题，最后才是阅读正文内容。可见，面积大的、色彩鲜艳的图形更能吸引人的眼球。网

络广告由于其主要依附在网页中，要想能够在色彩缤纷的网页中抓住浏览网页受众的眼球，必须要注意图形创意设计。

（一）图形元素概述

1. 图形的起源

在人类文明发展的进程中，图形的出现要早于文字。早期象形文字的雏形便是图画。原始社会的各种图腾纹样以及岩石壁画都是图形的最初形态。

2. 图形的发展

造纸术的发明以及印刷术的发明是人类视觉传达设计史的一次重大革命。19世纪，摄影技术的试验成功，加强图形的发展，摄影的使用改变了人们的视觉意识，与此同时，它使图形的表现形式得到了极大的加强，而且，图形的表现手法也更加丰富多彩。1919年，德国包豪斯院校的成立，推动了艺术设计的发展，同时，也加强了图形的发展，图形设计也广泛应用到各类视觉传达设计领域。

在经济快速发展的今天，作为人类密不可分的图形语言以更多的形式出现在更多的领域。当然，它也是网络广告中的主要视觉语言形式之一。

3. 图形传达设计

在图形传达设计的过程中，设计者将所要传递的信息通过一定的设计语言转化成可视并且具有可读的视觉语言符号——图形。通过一定的媒介将图形展现在大众面前，大众看到这个图形后就会进行意义解读，还原成一定的信息。如果大众还原的信息和设计者所要传达的信息没有关联，那么这个图形传达设计的过程中就存在一定的问题，反之，如果受众对信息的解读和还原之后的信息与图形所要表达的信息一致，那么这个图形就具备了信息传递的功能。

4. 网络广告图形的优势

（1）极强的视觉吸引力

大众在浏览网络广告时，首先是被五颜六色的图形所吸引，然后再去注意文字部分的信息。根据相关实验调查得知：人对图形和文字的注意度分别是78%和22%。可见，图形相对文字而言更具有吸引力。因为，图形主要源于图画，表现形式非常直观，通过眼睛阅读一段文字和看懂一幅图形的感受是不同的。

（2）图形具有较好的表现性

要传递一个信息，如果用文字往往需要长篇大论，而且不同语言背景的人对文字的理解又有着不同的理解。而图形设计意义就能够准确生动地将所要表达的信息通过简洁的视觉语言形式表达，同时图形又给人带来了深刻的回味和想象，揭示着情感内容和思想观念，使意念表现得充分、准确、生动。因此说，图形相对文字而言具有能够较好的表现信息内容的特性。

（3）信息传递无民族语言障碍

语言文字具有地域性、文化性等特点，在传递信息时往往由于以上这些因素，使信息不能够准确快速传递，但图形属于国际化视觉语言，可以超越民族性。图4-2是阿联酋所做的一则公益网络广告，当用户把鼠标点击到垃圾上，并把垃圾扔到垃圾箱里，就会出现各种不同的动物，这则广告无需文字，大家都能读懂。

图4–2　阿联酋环保网络公益广告

（4）易识别和记忆

图形往往具有鲜明的视觉效果，视觉直观，往往比文字更易识别，方便人们的理解和记忆。在大量文字进行传递信息的时候还会配以图形加以说明。每天打开电脑，充斥着各种各样的信息，在众多的信息中，如果单纯依靠文字方式传递信息，被用户识别记忆的可能性不大，相反，那些视觉传达设计优秀，具有优秀创意以图形为主的网络广告更容易被受众识别和记忆。

以上只是简单地论述了图形的优势所在，其实图形的价值远远不止以上方面。作为一个视觉传达设计工作者应该把握图形的众多优势，在网络广告设计中注意图形创意原则。

（二）网络广告中的图形创意原则

网络广告不同于一般的媒介广告。网络广告由于依附在众多的网页之中，如果图形创意不够新颖、奇特，就很难引起浏览者的注意。优秀的图形创意设计可以给网络用户强烈的视觉冲击力和艺术感染力。因此，网络广告中的图形创意更需要遵循以下原则。

1. 个性鲜明

在网络广告云集的互联网上，网络广告图形创意要有自己的独特风格，才能在这纷繁复杂的网络世界拥有一席之地。广告中的图形不但要能传递商品信息，还要有独到之处的创意，且创意和产品信息具有一定的关联性。

2. 图形要具有亲和力

要想成功地推销所宣传的服务或商品，网络广告中的图形选择就要有一定的亲和性，能够以情动人，让消费者真实感受到真诚、可信。相反，那些过于表露产品功能的图形，往往缺乏亲和力，导致消费者对其不感兴趣，更不会点击浏览。

3. 直白性原则

众多的网络广告充斥在各个网站，大众面对纷繁复杂的网络广告，广告告诉消费者的需要是最直白的，否则谁也不愿意花大量的时间去浏览自己不感兴趣的内容。因此，网络广告的图形就必须简洁直白，明确告诉消费者准确信息。但切记要注意直白不苍白，直白中透露出产品内涵，让受众细细体会和品味。

三、网络广告中的视觉语言要素——文字元素

文字是向受众传达信息的主要手段之一，和图形语言一样具有交互性特点，即需要信息编码和信息解码过程。文字在信息的传递过程中具有双重性，文字可以作为直接表达意义的语言形式。另外一种是

文字可以是一种表达信息的特殊图形语言。中国的汉字，是具有表意和象形的语言系统。在汉字漫长的发展过程中，形成了独特的书法艺术，为中国的视觉传达设计提供了更广阔的舞台。

在网络广告中，具有视觉传达力的文字主要体现在两个方面，一方面是文字作为主要编排形式形成视觉流程，另一方面，文字本身就是特殊的图形。正因为文字具有这样的双重性，因此，在网络广告中，需要注意如何使用好文字进行信息传递，使信息得到更好更有效的传递。

（一）网络广告中的文字视觉表现

文字是民族文化的载体，是一个民族传统文化得以延续的主要形式。在网络广告设计中，文字本身就具有良好的视觉传达能力，是向受众传递信息的重要手段和形式之一。在网络广告设计中，广告口号、标语、广告内容都需要设计工作者精心设计，通过不同的设计风格去传递不同的产品形象。网络广告中的文字主要以以下几种方式呈现。

1. 作为网络构成要素的文字编排

这类网络广告文字视觉表现主要通过文字的编排、组合来传递商品信息。文字构成了整个网络广告的主体。设计工作者主要通过对文字的形态构成、空间布局、字体色彩搭配等方面来表现设计内涵。

2. 作为一种特殊图形表现形式

文字本身就具有图形的表现形式，运用图形化的处理手法，将文字信息和图形结合，能够更加巧妙地传递出所要表达的深刻内涵。

（二）网络广告中的文字设计原则

1. 良好的视觉性

文字本身具有良好的信息传递功能。不管哪种文字，都具有字体、大小、色彩、排列组合等。因此，为了丰富网络广告中的文字效果，应该从文字的字体、大小、色彩等方面进行设计，使其视觉效果丰富，具有一定的亲和力。同时，对文字的版式编排进行设计，使其更容易吸引浏览者对其查阅。

2. 匹配性

广告中的文字主要是配合图形传递商品信息，因此，文字的选择应该和图形以及要传递的信息具有一定的匹配性。如果所做的是女性产品广告，文字的选择应该以纤细、圆润的字体为宜，这样的字体更能传递出温文尔雅的视觉感受。如果所做的是以男性为主的商品广告，选择的字体应该以黑体为主或者是黑体的变形体，这样更能体现男性的沉稳和大气。

3. 明确性

图形化文字的主要功能就是通过其外形来表达一定的含义，文字具有一定的象形意义。比如Family，每一个字母经过图形设计都有深刻的含义，指示性明确。因此，在网络广告设计中，设计者更应该注意文字的外形与其表达的含义之间具有准确的含义，而不应该含糊左右，使大众不明白其所要传递的具体信息。

4. 美观性

美观性也是网络广告中字体设计的一个重要原则，如果缺乏艺术美感，即使表达信息非常明确，也无法引起网络用户的注意。因此，在具体的设计时，应该充分考虑文字间的间距、字体选择、字号等要素。通过将文字进行巧妙的设计来吸引受众目光。文字形态与变化之间的和谐统一，文字与文字之间的和谐搭配，都是网络广告中文字美观性的表现。通过将文字进行美观性的设计表现，不但具有视觉上的审美效果，同时能够提高商品的宣传力度。

5. 创新性

网络广告中的字体设计应该具有创新性。当浏览用户打开网页时，跃入眼帘是众多的信息。各种各样的广告也夹在其中。文字承担着传递广告信息的重要任务，但过于单一的文字不能引起受众注意。因此，除了图形设计要具有创意之外，文字设计同样要具有一定的创新性，打破常规字体形式。从文字的笔画、外形出发，设计出具有创意的字体形式，使受众有耳目一新的感受，能够更加增添其视觉吸引力。

四、网络广告中的视觉语言要素——色彩元素

色彩有着无穷的魅力，能让本来平淡的物体变得五彩缤纷，具有强烈的视觉效果。在互联网日益发展成熟的今天，网络广告也逐渐摆脱了以往单一的色调。网络广告在网页中能够引起网络用户的注意，其中一个最主要的元素就是色彩的应用。色彩具有强烈的视觉冲击力，同时能够引起人们情感丰富的变化，网络用户对广告的第一印象是对网络广告色彩印象。明亮鲜艳的色彩会产生好的吸引力。阴沉灰暗的色彩会让网络用户产生心情压抑的感觉。因此，对色彩的完美应用是网络广告成败的一个至关重要的因素。

（一）色彩心理与网络广告

1. 色彩心理要素与网络广告设计

色彩本身是没有温度的，但看到红色，人们血液循环速度会加快；看到蓝色，会产生宁静的心理状态。这些都是源于人们长期的生活环境导致人们对色彩产生的各种心理反应。在网络广告设计中，某种特殊的色彩同样可以让网络用户产生一定的联想。

不同的文化背景以及宗教信仰对色彩的联想也是大相径庭的。比如，红色，在中国具有喜庆的心理感受。但在西方，红色却和暴力联系在一起。因此，还应考虑网络用户的文化背景等因素。

（1）色彩的联想

色彩的联想主要有具象联想和抽象联想。所谓具象联想，是指我们看到某种色彩就会联想到自然界的某种类似色彩的事物。比如看到蓝色，大部分人会联想到蓝蓝的大海。而抽象联想就是根据某种色彩联想到某些非现实性的事物，而抽象的概念，比如还是蓝色，我们可以想到宁静、优雅等。一般而言，儿童倾向于具象联想，成年人更倾向于抽象联想。

色彩的联想主要是通过对过去知识、生活经验、文化背景、生活背景等而获得的。因此说，网络广告的色彩联想受网络用户生活背景、知识水平等影响，受浏览者民族、性别、国别、年龄、职业、文化、生活背景等众多因素影响。现实生活中，人们容易对某种色彩记忆犹新，同样，在网络广告中，某些色彩也能对浏览者产生美好的联想，而这种联想是建立在浏览者民族、性别、文化等因素之上的。不同民族和地区的人对同样的色彩联想有可能是不一样的或者是大相径庭的。这些都源于色彩的联想与人的生活背景等各种元素的关系。

红色是所有色彩中最具影响力的一种色彩，具有强烈的刺激感。红色，能引人兴奋，能给浏览者留

下深刻的影响。但是，过度的红色也容易造成视觉上的疲劳及神经上的紧张。

蓝色很容易让人联想到无边无际的海水和浩瀚的天空，给人一种遥远、深沉的感觉。中华民族自古以来对蓝色情有独钟，我国大部分地区把蓝色看作智慧、典雅的象征，但是如果整片的蓝色也容易给浏览者造成抑郁的感觉。因此，罗兰床上用品的网络广告用了淡蓝色，期间点缀一些黄色、红色，用来烘托整个色调。

绿色给人一种平静的心理感受，自然界大部分植物主要以绿色为主，因此，绿色又称“生命之色”。绿色有着和平、希望、安全、飘逸、青春、舒适等众多的情感。

在众多的色彩中，黑色的明视度和注目性较差，但并非在网络广告设计中就禁止使用黑色，相反，合理的黑色使用更能增添商品的高贵的品质。通过近年来的网络广告搜索显示，众多的男性用品喜欢用黑色来表现出男性的睿智和稳健。

可见，在网络广告设计中，色彩的联想有着重要的作用。设计工作者应充分把握色彩的联想特征，利用浏览群体的知识水平、生活背景、文化程度等因素设计出合适的色彩来传递商品的特性。

(2) 色彩的象征

色彩的另一个突出表现，在于它的象征意义。不同的色彩能够表达不同的观念和意义。同时，同一色彩在不同地区和民族也象征着不同的意义。比如，白色在西方国家更多的来表现洁白、纯洁，但在中国农村，象征死亡。色彩的象征是一种约定俗成的一种文化现象，但随着时代的发展和变化，人们对色彩的象征意义也有一定的改变。

色彩在大部分国家具有一定的共同性，但同时也有着自己独特的象征意义。因此，在网络广告设计中，设计工作者应考虑到浏览用户的生活区域、宗教信仰等因素，以迎合目标地区受众对色彩的喜好，避免色彩的使用不当造成设计的失败。例如，蓝色基调象征科技、睿智，来表现产品的高科技特性；紫色象征着优雅、品味，体现出产品的舒适特性。

可见，色彩的象征性在网络广告设计中主要是为了体现产品的特性，传递商品的品质。如果应用的适当，更能增添商品的内涵。

2. 色彩心理效应与网络广告设计

(1) 色彩的冷暖感

色彩本身并没有温度，色彩的冷暖感是源于人们长期的生活经验造成的视觉上的经验以及直觉感受所引起的。比如，人们在夏日看到红色就会想到炎炎夏日中的太阳，让人焦灼，同样，在夏日看到蓝色，会给人一种冰爽的感觉。

暖色有让人感到舒服温暖的感觉。但过度的暖色也容易让人视觉上产生疲劳，不能够充分吸引浏览者的目光，如果点缀少许的冷色，冷暖搭配，来表现出整个网络广告的主题，便可消除这种视觉疲劳。

在网络广告设计中，应根据所表现的主题来确定色彩的冷暖，比如食的题，一般更多的选择暖色来体现食品的特性，其给人一种食欲的感受。冷色给人一种宁静的心理感受，但过度的冷色也容易产生沉重感、压抑感。因此，在具体的设计过程中，将冷色和暖色搭配使用，才能创造出完美的网络广告用色。

(2) 色彩的轻重感

色彩的轻重感和我们的生活经验息息相关。比如看到白色大家会联想到雪白柔软的棉花，天空中漂浮的白云，感觉很明快。看到黑色，大家很容易联想到黑色的煤块以及黑色的钢铁，感觉沉重。其实，色彩的轻重感与色彩的明度有关系，明度高的色彩给人轻快的感觉，色彩明度低的给人沉重的感觉。但同时，冷色具有轻感，暖色具有重感。因此，在网络广告中适合应用色彩的轻重感，能够巧妙地控制画面的视觉流程。

（二）网络广告中的色彩设计原则

1. 统一性原则

当网络广告中出现两个或两个以上的色彩时，就需要考虑色彩的统一性原则。网络广告不同于其他媒介广告。网络广告的介质是电脑。因此，长时间的对比强烈的色彩会造成视觉上的疲劳，影响网络用户的心情。因此，网络广告中的色彩设计不应该注意过度的大面积的色彩对比效果，而应注重色彩的统一性，使画面产生协调的视觉感受。

2. 整体性原则

在网络广告设计中，应该注意网络广告色彩的整体性，避免过多的零碎的色彩干扰画面效果。如果整个网络广告的色彩比较杂乱，而且色彩过于艳丽，这个时候容易造成用户心情烦躁、不安，这样的网络广告只会遭到网络用户的厌恶。

3. 适度对比性原则

在网络广告中，适度的色彩对比可以弥补色彩搭配中的单调和乏味，同时能够引起网络用户的注意。但是切记是适度对比，而不是过度对比。在具体设计时，可以通过邻近色对比或同类色对比，如红与橙红，绿与黄绿对比，通过适度调节色彩的明度差异，来增强画面，活跃气氛。这样既可以丰富画面色彩效果，又避免了过度的色彩对比干扰网络用户情绪。

在对具体的信息进行网络广告设计时，应该根据网络广告用户进行适当调整，避免千篇一律的色彩搭配原则。作为网络广告设计工作者，应该考虑网络用户的年龄、性别以及职业的不同而采取合适的色彩搭配，从而形成准确的网络广告用色，使网络广告在互联网中独具特色。

五、网络广告中的视觉要素——版式要素

由于网络广告是依附在网络上的，因此，网络广告与电脑显示器有着一定的关系。电脑显示器不同于传统的纸质媒介以及传统的电视媒介。屏幕的抖动对网络广告有一定的影响。所以说，在网络广告中，版式设计显得尤为重要，既要考虑电脑屏幕这个特殊的载体，又要考虑受众盯注电脑的习惯，同时，还要考虑信息传递流程。

（一）版面视觉信息分析

在网络广告的构成中，除了图形、色彩、文字之外，还有网络广告的版式排版。如何设计以上这些元素，使受众更容易方便浏览信息取决于网络广告的版式设计。优秀的版式设计能够使画面产生美感，吸引受众去观看和浏览信息，方便信息的浏览，实现广告信息传递。进行网络广告版式设计应该根据网络广告的具体形式、网络广告信息传达对象特点合理分析，合理安排各种视觉元素，有针对性的设计。

网络广告的版式设计与传统广告的版式设计有着共同之处，就是方便浏览者浏览，并提供好的版面

视觉形象，给受众美感享受。网络广告有其自身独特的设计内容。

（二）网络广告的版面设计内容

在网络广告设计中版面分布通常主要是指版面中图形、文字、色彩等要素的编排构成。网络广告版面设计内容主要有以下几种。

1. 文字与图形的比例设计

网络广告中的文字在编排上应该注意与图片的大小比例关系。图片除展示商品信息外，还承担着活跃整个版面的作用。图片的具体形式以及表现方式对文字的字体和字号的要求也是不同的。由于网页是动态的，因此，重要的文字应该以醒目的字体和字号显示在版面上，其他文字和图像应该采用按钮的形式隐蔽在网页的版面中，通过点击按钮来阅读。文字与图片的比例大小不同，给人的视觉效果也是不一样的。因此，要根据广告的主题内容合理调整文字与图片的大小，从而达到网页版面的和谐。

2. 按钮的位置和分布

网页中的按钮设计的形式多种多样。在具体的版面中，可以根据版面的风格来设计按钮的形状及在网页中的位置。按钮通常被设计在隐藏信息的旁边。用户点击按钮后将弹出信息，从而使画面具有动态的效果并在视觉上引起跳跃感。

3. 网格的划分

网页中常采用垂直网格划分使版面分布均匀。为了考虑版面的左右过度自然、和谐，通常将版面的分割线进行弱化处理，从而减少版面左右强烈对比而造成的视觉不稳定。在分栏网格中，每行的文字字数较少，且只出现在一两栏中，是为了避免浏览者浏览时，造成视觉上的拥挤，影响视觉美感和信息接受。通常在网页分栏中，可以在显著栏中设置目录、标题、导航信息等，丰富版面效果，减少信息阅读困难。

（三）网络广告版式特性

网络广告的版式设计与传统媒介广告的版式设计有着很多方面的相似性。比如都是通过版式布局引导视觉流程，同时都是通过版面布局使版式符合形式美法则，给人感官上的愉悦感。但网络广告的版式设计与传统媒介广告相比，有自己独特的一些特点。

1. 版式的不固定性

传统的纸质媒介广告，由于是印刷广告，长、宽比例固定，而且受众在阅读其信息时，其表现形态是固定的，因此视觉流程不易受到影响。但网页长宽比例却不一致，并且Banner网络广告是动态的、变化的，设计师无法确定其固定版式模式。

2. 版式的丰富性

网络广告本身形态多种多样，其版式设计也跟随网络广告的具体形式不同而呈现不同的版式。横幅广告其版式设计和传统的杂志版式设计有着相似性，但新媒体广告其版式设计就要丰富得多。每一个具体的网络广告有其独特的版式。

（四）网络广告版式设计原则

虽说网络广告的版式具有不固定性和丰富性，但在这样变化的过程中，依然能够找寻出网络广告的一些通用设计准则。网络广告的最终目的是有效传递广告信息。要提高广告信息的传达率，版式设计应该注意视觉流程的有序引导。通过版式设计增强大众对广告信息的注意及理解，强化广告信息传递。

1. 符合视觉习惯

长期的生活背景造成了中国人的阅读习惯是从左到右、从上到下的。因此，网络广告的版式设计流程原则也应该遵循基本的视觉习惯。相关实验证明，人们在观看版面时，上面的版面比下面的版面其注意度高。

2. 合理安排视觉流程

视觉流程引导视觉对信息的注意顺序。人们在观看物象的时候一般习惯从左向右的看。在网络广告设计中，可以合理安排视觉流程，诱导大众视觉从重要的内容开始。网络广告的视觉流程并不是一成不变的，需要根据网络广告的具体形态适时设计。比如动态的网络广告，其版式是流动的，因此在具体设计时应考虑动态信息的变化性。而静态的广告在遵循一般视觉流程习惯下，可以巧妙应用直线、斜线、曲线的情感特征进行视觉流程的导向设计。

3. 遵循形式美法则

网络广告是网络技术和视觉传达设计交叉的学科。动态的网络广告由于其版式的不确定性，很难用统一的版式设计原则规定和固化，但可以遵循相应的形式美法则，比如对比和统一、韵律和节奏以及适当的“计白当黑”可以使网络广告界面版式生动流畅、如行云流水般。

网络广告的画面必须统一，否则太过杂乱的版式设计令大众眼花缭乱。要达到画面版式统一的原则，版式设计就要尽量单纯、简洁，只有这样才能引起大众良好的视觉注意力。因此，网络广告的图形、色彩、字体、字号等诸多视觉元素风格应该统一，并在统一中追求细节变化。

六、网络广告视觉语言设计基本原则

网络广告中的视觉语言设计与传统媒介视觉语言设计有着诸多相似之处，但由于网络广告是以互联网为载体进行信息的传递，因此网络广告视觉语言设计是技术和艺术的结合，有着不同于传统媒介广告的设计原则。

（一）定位明确

广告设计注重“对谁讲，讲什么，怎么讲”。因此，视觉传达设计要有明确的受众群体定位。网络广告就需要考虑所投放的网站的属性，浏览该网站网民的年龄、职业、收入以及个人爱好等方面的信息，然后再根据目标群体定位设计出符合目标受众群体的视觉语言。因此，在视觉语言方面就要求简洁、醒目，能够将信息传达给受众群体。

（二）风格突出

网络广告是介于网络技术之上的视觉传达设计。因此，在网络技术的支撑下，就需要对其网络广告的艺术风格进行把握。通过视觉语言设计，运用艺术设计形式美法则和中国传统文化元素，从而突出产品的信息特征，增强产品信息认知度，提高产品广告注意度。

（三）形式与内容的统一

网络广告的视觉传达设计需要注意艺术表现手法，设计风格突出，但同时还应该注意其形式与内容的相一致性。如果偏离信息传递这一主要目的，即使设计再具有艺术风格的广告，也是徒劳的。网络广告的重要目的是将有效广告信息准确快速地传递给目标受众群体，并引起目标受众采取行动。因此说，网络广告的艺术表现形式应该和其所要传递的广告内容高度统一。

首先，网络广告所追求的形式美感必须符合广告内容主题；其次才是营造舒适的视觉环境，突出广告信息主题，引起浏览用户的注意，增强对信息的理解。通过营造舒适的视觉环境和广告内容的主题统一，才能保证信息内容的有效传递。

网络广告旨在通过艺术的表现形式传递广告信息。一个具有良好视觉感染力的视觉形式，能够带给受众视觉及心理上的冲击力，引导受众朝着预期的广告目标发展。因此，有效的运用广告的艺术表现形式可以积极引导受众采取行动。所以说网络广告的形式和内容是高度统一的。

（四）注重视觉整体性

统一和谐的视觉效果是任何广告都注重的原则之一，对于网络广告更是如此。因为网络广告处在一个比较复杂的视觉环境中，如果所设计的网络视觉效果零碎，不易受众在网络这样的环境中进行浏览阅读。通过网络广告中各视觉语言要素和谐统一的设计来表达主题内容可以使受众快速理解其信息。

格式塔心理学研究发现，知觉活动中的“整体性”是建立在人类对感觉元素组成的整体性基础之上的，并不是建立在单个的视觉元素其具体的特征之上的。整体是各个元素所决定的，但不是各个元素简单的加法。要想使受众对广告信息产生深刻影响，就必须有一个视觉统一整体，局部元素的变化会影响到视觉效果的整体性。因此，进行网络广告设计时，更需要注意广告的视觉元素的整体性把握。

第三节　新媒体时代网络广告的视觉传达设计

网络广告作为一种新型的广告形式，不但具有传统广告的一些特点，同时还具有自身独特的一面，所涉及的学科范围非常广泛，既有认知心理学、传统美学，还有现代人机工程学等诸多方面，更是离不开现代科学技术的发展以及数字技术的发展。我国的企业要做国际化的宣传，首选的平台之一就是互联网，通过互联网的网络广告来宣传自己。成功的网络广告不仅是传递信息，同时也是一件优秀的艺术设计作品。

网络广告是网络技术和视觉传达设计二者结合的产物，它以网络技术为支撑平台，把各种广告信息以最快的速度传递给大众。但是，网络广告不是图形、色彩、文字简单的堆砌和罗列，更重要的考虑如何使图形、色彩以及文字之间有效的搭配、组合来传递广告信息。因此说，网络广告不仅是为了满足传递信息给受众，更重要的是创造一种愉悦的视觉环境，使受众愉快、舒适的接受广告信息，甚至参与广告。网络广告已成为广告信息交流的一个非常有影响的途径。作为一个广告交流信息具有影响力的媒介，网络广告的视觉传达设计拥有自己的审美特征。

一、网络广告视觉传达设计概述

（一）视觉传达设计概念

“视觉传达设计（Visual Design）是指具有视觉传达功能的设计。报纸、杂志等传统媒体和互联网及其他印刷宣传物、影视片、广告牌等大众媒体（Mass Media）均成为视觉传达的载体，这是一种通过上述载体把有关信息传达给眼睛，从而进行造型的表现性设计。”这一专业术语开始于1960年日本举行的世界设计大会。视觉传达设计，从字面上理解为“视觉符号”和“传达”。所谓视觉符号就是指人的视觉，即眼睛所能看到的能够表现事物性质的符号，实际上就是论述的图形、文字、色彩等。传递，是指视觉符号如何有效地传递给受众。视觉传达设计发展追溯视觉传达设计发展进程，它主要兴起于19世纪欧美的印刷美术设计。随着科学技术的发展，以电波和网络媒体的视觉传达设计发生了革命性的变化。网络广告中的视觉传达设计更有自己独特的一些特点。

（二）网络广告的视觉传达特点

1. 互动性设计

现今互联网已经超越了门户时代、搜索时代，逐渐进入社会化媒体时代。网民日益成为互联网社会化媒体的主角，在这样的一个形式下，网民成了公共平台上享有平台权利的主角身份。网民不再单纯接受互联网上的信息，传统的电视广告、杂志广告以及广播广告、报纸广告等都是单向传播广告讯息，受众在观看广告或收听广告时只能被动接受广告讯息或拒绝广告讯息。但网络广告与这些传统媒体广告有着显著不同，网络广告与传统媒体广告最大区别在于其互动性。互动性的视觉传达设计是网络广告中呈现的一个创造性的设计，不仅是广告设计者的告白，更是网络用户亲身体验乐趣所在。在新型的网络广告中，设计工作者要创造出一种新的人际关系，链接不同背景的人。设计工作者要设计的也只是设计的一部分，其他部分要靠体验者或者说用户来完成。只有这样的互动性才能真正体现网络广告的价值所在。

因此，互动性设计也是网络广告设计中需要重点注意的事项。一个缺乏与受众互动的网络广告，最终可能导致其信息传递出现障碍。

2011年Facebook就推出了一项新的广告服务，遵循广告主的意愿，选择开放广告位的用户评论功能，通过这一功能，用户可以对Facebook个人主页右侧的赞助广告商广告发表评论，并直接显示在广告下方。广告主可以直接通过广告内容与用户进行沟通，甚至可以在广告中可以向用户提问，并在第一时间得到反馈。这充分说明互动性设计在网络广告中已不只是简单的点击鼠标这样简单的互动，而是建立在广告主与广告用户之间的情感互动上。

2. 技术与艺术的二合一

网络广告离开了互联网也就不叫网络广告了，因此，网络广告更加注重技术和艺术的二合一性。网络技术的飞速发展给网络广告的艺术表现也提供了更宽阔的空间。从最初的横幅广告到现在的网络虚拟展示广告，这些都是网络技术和广告设计艺术手法不断发展的结果。网络技术是客观因素，而艺术设计手法是主观因素，二者的完美结合构成了现在丰富多彩的网络广告形式。

3. 版式的丰富变化性

网络虚拟展示网络其版式变化多端，不同于传统媒介广告的版式固定统一。目前，网络正在处于快速发展阶段，因此，很难给网络广告版式一个统一的标准。网络用户可以自行控制网页，进行内容的拖动，导致版式的变化。比如前文中的阿联酋公益广告，网民通过点击鼠标将垃圾扔进垃圾桶然后画面就出现了自然界的动物，整个网络广告版式随着网民鼠标的点击而发生了变化。因此说，网络广告的版式变化丰富是其中一个显著的特性。

4. 多媒体的综合运用

网络广告突破了传统广告媒体使用的单一性。随着互联网技术的不断发展和成熟，芯片处理速度的提高，使网络广告可以全方位应用音频、视频、文字进行商品内容的展示。虚拟展示网络广告应用三维渲染的虚拟实景和虚拟产品与二维平面元素相互结合将产品全方位展示，而这个过程是需要多媒体技术支持的。

网络广告在视觉传达方面有着自身独特的方面，通过研究网络广告的视觉传达设计特点，可以使设计工作者在以后的网络广告中更好的把握网络广告的视觉传达设计方面事项。

二、网络广告的视觉审美特征

网络广告的信息与传播主要依赖于与浏览用户的视觉语言交流。一些设计形式优美的网络广告更容易引起浏览用户的注意。前面的章节论述了网络广告中如何使图形、文字、色彩以及版式在网络广告中发挥出自己独特的魅力，那么，网络广告的视觉审美与一般的媒体广告到底有哪些方面的不同?主要体现在以下几个方面。

（一）内在形象美

在网络中，用户浏览广告的时间可能只有1秒，如何在这仅有的1秒时间里抓住用户的眼球。因此，设计出的广告首先要注意具有一定的内在美。那么，内在形象美如何体现和表现呢?这主要取决于以下元素的应用。

1. 民族元素的应用

(1) 民族元素

所谓民族元素就是指具有中国典型特色的一些元素。一些民族元素的应用更能引起浏览用户共鸣，通过民族元素应用更能增加网络广告亲和力。比如中国传统水墨画，就是具有典型的中国民族元素，通过将水墨画运用在网络广告中，更能体现出中国东方的意境。意境，这个东方的专有名词，在艺术中占有重要的地位。笔墨韵味美的意境体现了东方人的思维特点。从众多的优秀的视觉传达设计作品中，我们深深的感受到水墨画那种幽深含蓄的意境美、超凡脱俗的笔墨韵味美。周大福国粹系列网络广告打破常规首饰广告的表现手法，运用简单而又含蓄的水墨将中国国粹表现得淋漓尽致。国粹，一语双关，巧妙地将周大福首饰和中国传统水墨融为一体，整个画面令人耳目一新。

(2) 民族文化的自豪

大家之所以喜欢将民族元素应用在各类设计中，其实还是源于我们伟大的民族文化。华夏民族有着悠久的历史文化，这些民族元素无不透露出浓厚的民族色彩。民族文化元素是久经历史考验，逐渐沉淀并成为中国人视觉记忆与审美的丰富视觉遗产，经过漫长的岁月，已经形成了具有中国民族特色的影像。这些影像带给更多的中国人自豪感，通过这些元素在网络广告中的应用，更能容易与大众产生情感共鸣。同时，民族文化元素所蕴含的东方独有的韵味和意境能被公众解读。因此，在进行网络广告设计时，应该紧抓住大众对民族文化的自豪感，将民族文化元素巧妙地应用在设计中，在不知不觉中，抓住了浏览者的目光，同时传递广告信息。

2. 地域文化元素应用

中国传统的水墨所具有的意蕴是其他元素所不能替代的，但中国传统地域文化元素同样丰富多彩。湖北的楚文化更是地域文化中的代表，“楚文化上承周文化，下启汉文化，是融合南北文化的典型代表”。其精美楚纹样同样是将楚人浪漫主义情怀表现得淋漓尽致。在现代网络广告设计中，可以充分利用这些具有地域特色的文化元素。马家窑彩陶是彩陶界一颗璀璨的明珠，原始先民杰出的创造手法影响了现代艺术设计。其精美的彩陶纹样更能传递出黄河地域文化特色，将其巧妙应用到网络广告中去不但能传递出商品的神奇古韵，更能增添商品的文化内在气息。

3. 艺术情感元素的应用

现代网络广告设计已经突破了最初的广告形态，传递信息是其主要功能，但在传递信息时更多的需要运用艺术情感元素来彰显网络广告的内在意蕴美，引起大众对广告的注意。何为艺术情感元素，指的是那些最能打动大众心弦的一些元素。比如重庆奥妮早期所做的百年润发电视广告，画面中一头乌黑亮丽的长发，一个动人的情景，体现了产品的内涵。整个广告并不直述产品具有何种功效，而是通过这种情感元素的表现来传递信息。“青丝秀发，缘系百年”其艺术的表现手法，感人的画面将重庆奥妮的收入提升到了8.6亿元（1997年），市场占有率提升到了12.5%，可见情感的魅力所在。

（二）直观的具象美

网络广告中的图形、色彩以及文字无不展示给大家直观的具象美感。通过这些元素的直观展示，大众很容易从中直观感受到中国民族文化的韵味美、东方的意境美，但这些都是从外观的形象元素直观中感受到的。

1. 色彩的具象美

“色彩的感觉是一般美感中最大众化的形式。”前面的章节中已经详细论述了色彩在网络广告中的应用，这里主要论述的是色彩带给大众外观的美感。在进行网络广告设计中，设计工作者往往会根据色彩的对比、均衡、调和等产生丰富的节奏感和韵律感，从而产生丰富的具象美。

图4-3　农夫山泉多媒体广告截图

2. 图形的具象美

美的图形更容易吸引大众的眼光，从网络广告的内在美中，可以感受到这些内在美都是源于对中国民族文化元素的应用。而这些民族文化元素经过历史的演变逐渐升华成具有一定外在形象的图形，这些图形带给大众的是一种外在的具象美，其次带给大众的才是内在的形式美。

农夫山泉这种多媒体广告巧妙地运用了帆船、树叶、马、古塔这些图形传递出东方神韵的图形美，有一种美不胜收的视觉效果(图4-3)。

3. 文字的具象美

文字是记录中国文化的视觉符号，从视觉传达设计的角度看，中国早期的文字是象形文字，其实也是图形，文字不仅具有外在的“形”，同时，还具有内在的“意”，是“一种有意味的形式”。首先在网络广告中，是这些外在的形最初的表现给大众丰富的视觉具象美感，从而受众再去体会文字的内在的“意”。因此，应用文字作为网络广告中的引导，不仅能给大众传递信息，同时，可以看作有些文字更是形的延展。通过利用文字对其外部的特征和要表现的主题或者要传递的信息巧妙延展，进行艺术化的加工，丰富了大众视觉感受，带给受众强烈的外在具象美感，从而形成鲜明的视觉形象冲击和独特的审美意蕴，进而传递丰富的广告信息。

（三）网络广告视觉审美体现

1. 受众的共性化

何为网络广告受众？网络广告受众是指通过网络广告接受广告讯息的群体，也就是通常意义上所说的网民。网络广告就是通过视觉上的语言表达来引起网络受众的注意力，从而刺激网络受众接受信息主题，引诱受众对其内容的关注，进而可能产生购买产品或接受服务的欲望。准确地说，视觉语言上的元素，比如色彩、字体、图案等各种广告要素，要符合一般受众的审美心理，符合普遍受众的情感需求。因此，网络广告的视觉审美体现最突出的表现是受众的共性化，也就是说如果设计出的网络广告不能与大多数受众产生共鸣，那么这则广告可能要失败。因此，在具体的广告实施过程中，就需要调查相关的网络群体受众。比如在Facebook发布网络广告，很显然，Facebook是西方一个社交网站，因此，这个群体有其特殊性，要调查他们的共性，才能使发布的广告引起Facebook网民的注意。不是所有的网络广告都适合所有的网站，网站也有不同的受众群体，因此，设计出的网络广告首先应考虑该网站的受众的共性化，只有通过事前调查，才能做到发布广告有的放矢。

由于互联网的发展，网络广告也从单一静态的形式走向了集声、光、画等于一体的动态形式。动态的网络广告不但具有视觉上的愉悦感，同时，还可以带来听觉上的美感，甚至带来“身临其境”的特殊感知。总之，网络受众的共性需要事前调查，只有这样，网络广告才能以合适的形式投放到合适的网站。

2. 广告的个性化

凡是吸引网络用户的广告，大多数是创意超凡脱俗的网络广告，在图形的应用、色彩的表现、版式的排版上都具有强烈的个性化表现。广告的个性化是吸引受众的一大法宝，至于如何做到个性化，前文中关于网络广告的视觉元素中，详细论述到网络广告中图形、色彩、文字、版式的应用，并在网络广告视觉审美中论述了民族文化元素的应用更能彰显中国网络广告独特的品味和意境。此处，只想说明网络广告的个性是网络广告审美的具体体现之一。

5 第五章 广告创意的流程及策略

第一节 广告创意的一般过程

一、确定广告目标

（一）广告目标的概念

广告目标是指企业通过广告活动所期望达成的具体的并可以量化测定的销售与传播效果，是企业广告目的的进一步体现。

正确理解广告目标和营销目标之间的关系是广告人员开展广告活动的基本前提。一般而言，大多数企业都期望通过广告活动达成其营销目标，此时，这些企业常常有意无意地将营销目标和广告目标的概念相互混淆或合二为一。

（二）广告目标的内容

广告目标所涉及的内容总体而言可以分为以下三种情况。

1. 以促进销售为主

由于广告活动常常被广告商认定为其营销组合手段中的有效工具之一，所以，他们在确立广告目标时，往往倾向于将促进产品销售作为广告目标的主要内容。它需要以销售额为依据，为广告活动设定一项销售指标，最后把广告活动前后销售额的变化作为衡量广告成败的标准。

2. 以改变目标消费者行为为主

要明确广告希望能够引起目标消费者什么样的反应，广告目标的设定应对目标消费者可能发生的行为变化做出设定，这种设定就是将通过广告信息的传播使目标消费群体最终产生行为变化的程度予以量化的确定。例如，是促进新顾客的尝试性购买，还是强化老顾客的品牌忠诚度从而增加其使用频率。

3. 以传播产品（品牌）信息为主

对许多广告商而言，在大多数情况下，其市场竞争的策略仍然是以防御为主。因为在激烈的市场竞争中，并不仅仅只有本品牌在利用广告的方式开展营销传播活动。事实上，本品牌所有的竞争者都在力图争夺本品牌的消费者，并以此来提高消费者对他们品牌的需求份额。因此，广告活动的目标在更多的情况下是巩固本品牌已有的市场，即强化和巩固本品牌目前顾客的忠诚度，而不使其三心二意。一些研究结果表明，广告的较大效果并不体现在可以获得新的尝试者上，而体现在加强和巩固现有顾客对本品牌的忠诚度上。

（三）广告目标的对象分析

广告目标的确定应该围绕如何影响或改变目标消费者的态度展开，因此，对广告目标的对象——消费者的基本概念及其相关知识的了解对正确确定广告目标有着不可或缺的作用。

1. 目标消费者的角色分析

（1）消费者结构

在消费者行为中，消费者的定义依照其所扮演的角色不同，可以分为四种，即品类决定者、购买者、使用者以及影响者。一般而言，关心度越高，参与决策的人也就越多。在广告目标的制定过程中，一个最为基本的工作就是首先清楚地界定出消费者将在本产品品牌的购买行为中扮演什么角色，据此区分出哪些消费者是主要消费群体，哪些是次要消费群体，并在此基础上确定出合理的广告投放预算。

（2）品类购买风险分析

社会形象风险，是指消费者在使用购买的产品或服务时，其在旁人眼中的形象是否呈正面评价的风险。消费者通过对品牌的使用可以展现出审美品位、个性特征甚至经济能力和社会地位。

产品功能风险，是指产品本身的功能能否满足消费者的风险。例如，消费者在购买一辆厂家自称省油的汽车后，汽车是否真能够省油，就是消费者为购买该产品而承担的消费风险。一般而言，产品的功能风险与消费者付出的代价及期望呈正比。因此，单价较高的品类，其产品功能风险的比值也会较高。

（3）意见领袖分析

意见领袖包括目标消费者周围人群中对该类商品性能优劣与否具有较强的分辨能力的亲朋好友或产品经销点的专业人员。这些意见领袖或产品经销店的专业人员常常可以左右目标消费者购买哪一款产品。因此，在确定公关目标时，应注意将上述意见领袖或经销点的专业人员列为广告诉求对象，尤其是目标消费者对产品的形象及信誉尚未建立的产品。

（4）重度消费者、中度消费者和轻度消费者

消费者根据其对产品的购买量和使用量可以分为重度消费者、中度消费者和轻度消费者。消费者对产品消费量的多少与其人数呈反比，与市场消费量呈正比，即重度消费者占所有消费者人数的比例最少，但其对产品的消费量却最大。广告目标的制定应根据消费者对产品消费量的不同而确定相应的消费群体作为目标对象予以诉求。

2. 对目标消费者广告反应量的分析

通常广告活动并不直接导致目标消费者的购买行为，广告活动在诉求、关联或劝导方面对目标消费者所产生的作用更为明显，也更有效果。

（1）品牌认知

广告的一个基本任务是创造知名度，对新产品上市而言更是如此。广告要使产品品牌在目标消费者的意识中占有更突出的位置，从而使目标消费者将其购买选择转变为不需经过思考的选择。在这种情况下，广告的目标就可以确定为使品牌成为增进在目标消费者意识中的首选品牌。

（2）品牌理解

广告传播刺激目标消费者所产生的反应变量的另一个内容是品牌理解。对一个新产品而言，吸引目标消费者尝试购买并不仅仅依靠品牌认知，更需要努力促使目标消费者了解产品的关键特征。

（3）品牌形象和个性

品牌形象和个性主要是指品牌与某类消费者或某类事物间的联系，这种联系的强度和清晰度既取决于目标消费者对品牌个性的识别与判断，又与企业通过广告所提炼、塑造和传播的品牌个性是否与目标消费者所欣赏的个性相一致密切相关。品牌的目标个性必须与自身的产品物理属性或产品使用领域以及目标消费者的心理需求和价值观念有内在的关联性。

（4）品牌态度

品牌态度是指一个消费者对某品牌喜爱或比较喜爱的感觉。消费者对品牌的态度可以通过多种方法予以衡量，其中一种方法是基于对品牌的理解程度进行度量，即以对品牌的特殊作用和特点的了解为基础；另一种方法是通过测试消费者对品牌态度的喜爱程度。

3. 广告目标的确定策略

（1）提高品牌回忆度

提高品牌回忆度是指通过有效的广告诉求使目标消费者能够对本品牌名称保持较为深刻的记忆。可以通过重复广告口号的方法提高目标消费者的品牌回忆度。研究资料表明，重复的次数越多，品牌名称就越容易被目标消费者记住。此外，广告口号是一种通过简练的节奏和韵律或其他元素将品牌名称与令人难忘的意象联系在一起的语言技巧。

（2）将关键特性与品牌名称联系起来

如果运用得当，采用这种传播目标的产品特性诉求广告可以对目标消费者产生共振效果，即特性诉求可以帮助目标消费者回忆起品牌名称，而品牌名称又与一个重要特性有关系。这种广告的创作与罗瑟·瑞夫斯所提倡的独特销售主张的创作方法非常相似，即一条广告只突出一个品牌特性而不必面面俱到。

（3）逐渐培养目标消费者的品牌偏好

广告商普遍都会设定品牌偏好目标，他们希望目标消费者喜欢（最好偏爱）自己的品牌。喜欢不同于知晓或排名第一的回忆度，喜欢的衡量标准是态度，但表现的方式是通过感觉来影响目标消费者的态度。具体方法如下：

情感广告。通过营造和渲染人与人之间美好的情感与品牌发生或明或暗的联系，使目标受众将对广告作品本身的欣赏和喜爱转移到广告所诉求的品牌上来。

幽默广告。在广告中采用幽默的目的是为了使受众对广告产品产生轻松愉快而难忘的品牌联想。

（4）利用目标消费者的恐惧心理以促使其采取行动

恐惧是一种极其强烈的情感，是可以被用来刺激目标消费者采取某个重要的消费行为，但是要把握适度；否则，过度恐惧很可能导致受众产生不利于广告产品的行为。恐惧广告的诉求内容大多是突出表现目标消费者如果不使用广告产品或不采纳广告提出的建议所产生的危害或其他不利后果。

(5) 引起目标消费者焦虑以改变其行为

广告商运用许多情形来说明你为什么会产生焦虑感以及减轻焦虑的方法。这种广告的诉求内容主要有两个方面：一是强调目标消费者正面临显而易见的危险；二是诉求避免这种危险的方法，即购买广告推荐的产品。

(6) 赋予品牌以社会意义

由于产品具有社会属性，因此消费者的消费行为就具有越来越强烈的社会意义，因此广告商常常不惜投入巨资并通过广告传播以求建立产品品牌的社会意义，从而使目标消费者对产品品牌产生良好的正面评价。

(7) 劝服目标消费者

以此种目标为诉求内容的广告是一种关注程度较高的广告，其目的是通过商业性讲解，使目标消费者相信某个品牌的优越性。此类广告要求目标受众在接受广告信息时予以较充分的关注以形成有利于产品品牌的认知。

(8) 引起目标消费者的即时反应

此种广告目标要求广告通过直接诉求并敦促目标消费者立即采取消费行为。近年来，即时反应广告日益流行起来，原因主要有三个：许多即时反应信息都以价格诉求为主；许多企业已经建立了丰富的数据库，这使企业得以专门瞄准具体的目标顾客进行更有针对性的一对一传播特定信息；广告商要求广告代理公司拿出更多的证据，证明他们所花的广告费的确产生了作用，而广告代理公司也发现，即时反应信息的广告方式最能直观地证明广告的作用。

二、市场调查与分析

广告创意除了要有明确的广告目标，还依赖于对产品市场的全面掌握和系统分析。广义的市场调查是以科学的方法和手段收集、分析产品的市场状况，以及从生产到消费之间一切与产品销售有关的资料。狭义的市场调查是指以科学的手法和手段收集消费者对产品（服务）的意见，以及购买情况、使用情况、产品（服务）的销售情况等信息的工作。

市场调查主要有五方面的内容：

市场环境调查。市场环境调查是以某一个地区为调查对象，有计划地收集有关人口、政治、经济、文化、政策、法规等方面的资料。经济因素直接影响当地居民的购买力，进而影响产品在当地市场的销路。各国、各地区之间的政策和法规各不相同，必然会给广告的运作带来一定影响。不同的地理环境产生不同的交通条件、资源分布、文化风俗，这些都会影响产品的销售。

企业调查。了解企业的发展历史、现状、企业规模、管理水平、行业特点、行业竞争力等。

广告产品调查。主要内容有产品原材料及其特点、产品生产工艺、产品用途、产品的包装、产品的质量、产品的价格以及产品的生命周期等。任何产品都会经历产生、成长、成熟和衰退的过程，因此产品的生命周期分为导入期、成长期、成熟期和衰退期。处于不同生命周期的产品，所采用的广告宣传手段也有所不同，这样才能适应市场的变化。

消费者调查。消费者是广告信息的接收者，也是广告宣传的对象。广告调查中的消费者包括工商企业用户、中间商、社会个体消费者。通过对消费者购买行为的调查，研究消费者的物质需求、购买方式和决策方式，为确定广告目标和广告策略提供依据。对消费者的调查主要包括：一是消费者的基本情况，包括年龄、性别、职业、民族、信仰、受教育程度、收入状况、家庭结构等，了解这些情况有助于确定广告目标；二是消费者的心理因素，包括消费需求、购买习惯、购买动机等，了解这些情况有助于确定产品的目标市场，为广告策划找到诉求点和诉求方式。

市场竞争调查。主要内容有：产品的市场容量；广告产品的市场占有率，其他品牌同类产品的市场占有率；广告产品的市场潜力，其他同类产品的竞争潜力；广告产品的销售渠道，竞争产品的销售渠道；广告产品的销售政策和促销手段，竞争产品的销售政策、促销手段和广告策略。

市场调查是广告运作的基础，在整个广告战略乃至营销过程中，都扮演着至关重要的角色。在现代企业活动中，面对瞬息万变的市场情况和激烈的市场竞争，企业必须不断调整自己的经营策略和管理方法，使企业活动与内外部环境保持最佳状态，因此需要借助于市场调查这一科学的工具。

三、广告定位

（一）广告定位的概念

所谓广告定位策略，是根据顾客对于某种产品属性的重视程度，把本企业的产品予以明确的定位，规定它应于何时、何地、对哪一阶层的消费者出售，以利于与其他品牌的产品竞争。科学的广告定位会给广告创意，乃至企业广告战略的实施带来积极、有效的作用。

（二）广告定位理论

广告定位理论发展至今，经历了三个主要阶段：20世纪50年代基于产品定位而形成的USP理论；20世纪60年代中后期基于形象至上和品牌定位而形成的BI理论；20世纪70年代以后基于生活导向和市场定位而盛行的现代定位理论。

1. USP 理论

USP理论是1961年罗瑟·瑞夫斯在《广告的现实》一书中首次提出的，要求向消费者说一个“独特的销售主张”（Unique Selling Proposition），简称USP理论。M & M巧克力“M & M smelt in your mouth，not in your hand”（只溶在口，不溶在手）、大众甲壳虫汽车“Think Small”（想想小的好处），都是USP理论的经典案例。

2. BI 理论

BI理论即品牌形象，是由大卫·奥格威于20世纪60年代中后期提出的，又被称为品牌形象理论。该理论的核心思想是：广告活动的首要目标就是力图塑造并且维持一个高知名度的品牌形象，塑造并传播品牌形象比单纯强调产品的具体功能特征重要得多，广告创意应该重视运用形象来满足消费者的心理需求。

3. 现代定位理论

现代定位理论是由杰克·特劳特和艾尔·里斯于20世纪70年代提出的，该理论提出后，很快被营销界和广告界认可并接受。该理论的核心思想是：(1) 定位纯粹是一种传播策略，通过传播使产品在消费者的心目中占据有利位置；(2) 不必创造新奇的概念，必须捕捉、洞悉消费者的真实想法。

（三）广告定位策略

1. 功效定位

功效定位是指在广告中突出产品的特殊功能。以同类产品的定位为基准，选择有别于同类产品的优异性能为宣传重点。

美国宝洁公司为其生产的海飞丝、飘柔和潘婷三种洗发水做广告时，根据各品牌的不同功效，进行了不同的广告定位。飘柔的广告定位是“洗发护发，双效合一”；海飞丝的广告定位是“止头痒，去头皮屑”；潘婷的广告定位是“从发根到发梢营养头发”。不同的功效定位，满足了不同需求的消费者，因而赢得了广大的消费市场。

2. 品质定位

品质定位是指从产品品质出发，通过展示产品的品质、性能等来引起消费者对产品的关注。重点宣传产品的特殊品质，通过广告强调产品所具有的与众不同的优良品质，而这必须是消费者能够感受到的。

3. 造型定位

造型定位是指在广告宣传中利用消费者的视觉和知觉等心理特征，以产品外观、图案、橱窗、商标等为广告诉求点，向消费者传递情感和意识信息的广告策略。消费者不仅能够获得形状、光线、色彩、空间、深度和广度等视觉信息，而且能够获得温度、味道、声音等知觉信息，会引起消费者心理上不同的反应，激发其购买欲望。

4. 价格定位

因产品的品质、性能、造型等方面与同类产品相近，没有什么特殊的地方可以吸引消费者时，广告宣传便可以运用价格定位策略，使产品的价格具有竞争性，从而击败竞争对手。价格定位主要是说明产品价格的合理性、适应性以及与同类产品的可比性，并以此来激起消费者的购买欲望。比如，雕牌“只买对的，不买贵的”。低价定位最好能以品质、功效作为铺垫，着力渲染，避免给人造成“便宜没好货”的印象。

四、广告主题的确定与提炼

（一）广告主题的概念

在广告中，广告主题有两层含义：广告运动的主题和广告作品的主题。广告运动的主题，是广告运动的核心思想。但大部分的广告运动（活动）是没有主题的，因为它们的目的是直接促进销售。因此，广告主题更多是指广告作品的主题，即把广告作品所要传达的广告信息组织起来的中心思想。一个清晰而明确的主题有助于受众对广告诉求的信息产生正确的理解和认知，也有助于受众对品牌加以识别。

（二）广告主题的确定

确定广告主题之前，创意人员应该首先弄清楚与主题有关的三个问题：广告商或品牌的哪一个特征应当加以渲染和描述？在哪里可以找到一个丰富的主题？应当如何表现主题才能体现广告商或品牌的特征？

寻找这三个问题的答案需要以下三个步骤：

分析企业内部和外部营销环境中的核心要素：企业、消费者和竞争对手。这能够明确各广告商或品牌在主题选择过程中受到的限制和拥有的机会。

应当筛选出一种具有一定文化内涵的主题内容。通过分析诸如宗教、哲学、政治、历史等特定的范畴，使创意人员能够更加容易地找到适当的主题。

考虑在什么地方运用、融入企业或品牌的主题：名称、符号、广告语、歌曲、概念或者是其中某些要素的组合。

五、创意策略方案的形成与执行

（一）广告创意的表现

当广告创意的概念和主题确定之后，广告创意的执行就进入表现阶段。此时的广告表现仅是对创意的构思予以大致的视觉化表现，具有草图和画纲的性质，其目的主要是将比较抽象的构思及时用视觉符号予以固化，创意人员也就有了对创意构思进行进一步修改完善的具体对象。同时，更为重要的是，创意的表现可以为客户提供直观而形象的判断依据。

（二）广告创意的提案阶段

创意表现完成后，将创意提交客户审定，即提案，也是最关键的阶段。由于广告客户的性质不同，提案会的性质也会有所不同。提案会大致分为两种形式：一是广告客户的广告传播代理招标提案会；二是广告公司就广告传播活动中的某个单项的创意向广告客户进行提案。提案会的结果直接关系到广告公司所提出的创意是否获得客户的认可，甚至关系到广告公司能否获得广告业务，对于广告代理公司而言，其重视的程度自然不言而喻。为了使提案能够顺利通过，创意人员应当做好充分的准备，广告公司的客户代表应该事先与客户预约和确定提案会的时间、地点、主要内容、参加提案会的主要人员等。

正式提案主要由三部分构成：开场白，即由广告公司的客户代表简单介绍出席本次提案会的人员姓名和职务，并简略介绍本次提案的主要内容；由汇报人开始演示并讲解广告创意；提案总结，即由广告公司的创意总监对创意提案做一个简明扼要的小结，并对汇报人在汇报中可能出现的疏漏之处予以补充。

第二节　经典的广告创意流程

一、詹姆斯·韦伯·杨的创意五步骤

美国著名广告创意者詹姆斯·韦伯·杨在总结其多年广告创意经验的基础上，完成了《发展创意的技巧》一书。在此书中，他提出“创意五步骤”理论，将创意过程分成收集原始资料、用心智去仔细检

查这些资料、进入深思熟虑阶段、实际产生创意、形成并发展创意五步。

二、G・沃勒斯的创造四阶段说

1926年，英国心理学权威G・沃勒斯总结出“创造四阶段说”，即准备阶段、酝酿阶段、豁朗阶段、验证阶段。

（一）准备阶段

这一阶段主要是去发现问题、分析问题、归纳问题，如市场调研、搜集资料、整理资料、扩充技术储备等。准备工作的范围要尽可能大一些，不仅要对广告学科有透彻的了解，而且要准备好其他相关学科的知识，汲取经验、方法和技巧，为广告创意灵感的产生奠定基础。

（二）孕育阶段

酝酿阶段又称孕育阶段、孵化阶段，沃勒斯认为，在创造的过程中，创造者的潜意识会一直围绕这一问题工作。创造是一种波澜起伏的、有节奏的过程，创造的火苗有时就像潜伏的火山，酝酿喷发。但是，一味地冥思苦想对创造有弊无利，创造者需要把握好节奏。酝酿阶段可长可短，创造的灵感似乎在冬眠，等待着复苏，一旦条件成熟，灵感随之闪现。

（三）豁朗阶段

豁朗阶段又称明朗阶段，这一阶段就像是顿悟，一个问题被创造者搁置一段时间之后，某个时刻，创造的新观念就突然闪现，进入豁然开朗的境地。心理学家将其称为灵感、直觉或顿悟。

（四）验证期阶段

在豁朗阶段产生的灵感是否即为问题的答案，是否就是科学的创造？这还有待验证。新的观念要经过逻辑的推敲和完善以及实践的检验。在验证阶段，合理的设想和观念要经过修改和完善，不合理的往往会被否决。验证阶段的长短也各不相同，有时会超过前三个阶段的总和。

第三节　广告创意的策略

一、理性诉求策略

所谓理性诉求，就是以充分的事实根据、周密的逻辑推理、冷静的分析论述为特点，对目标受众进行劝服，以达成广告商与目标消费者沟通的目的。人类的大脑对所接收的信息予以加工的过程包括三种不同的活动：知觉、认知和记忆。知觉是对外在刺激信息予以选择、组织和解释的过程；认知是由外在刺激引起的知觉所激发的思维过程；记忆是指人类对信息进行编码以备将来之用。

（一）消费者的信息加工过程

1. 知觉

（1）知觉的过程

知觉的过程包括两个阶段：分析与综合。分析就是把外部刺激和记忆中存储的形象加以比较，以此来识别不同模式；综合是通过模式发生的情景归纳出适当意义的过程。知觉的这两个过程表明记忆对于知觉至关重要：记忆提供了形象，而形象则可以用来与外部刺激及语境进行比较并得出意义。知觉是有选择性的，由于大脑必须把外部刺激和内部存储形象进行比较才能得出意义，这就使先前存储于记忆中的形象具有决定性的作用。

因此，广告创意人员在进行广告创作时必须对广告的目标受众原先的经历和记忆存储的形象给予高度的重视，尤其是广告诉求在含蓄地贬低竞争对手的品牌时更应该慎重，因为消费者很可能将这种批评竞争对手的广告诉求进行完全相反的理解。一般而言，除非是经过很好的修饰，否则广告传播活动常常由于目标受众个体背景的不同而使其对广告诉求的信息不能如创意者所希望的那样给予正确的理解。

（2）理解程度

受众对信息的理解程度是由信息刺激物、个体、环境特点共同决定的。对广告信息而言，广告所赖以传播的媒体及广告出现的背景等各个因素都会影响受众对广告信息内容的理解。就像对具体的词语或符号的理解一样，受众对广告诉求的语气和对广告信息的感受都会存在一定的主观理解。

事实上，广告受众对广告文案的诉求信息大都从字面含义和心理含义两方面进行理解。字面含义是指某句广告文案（词语）的一般意义，即词典的解释；心理含义指的是受众对广告文案（词语）基于个人或某个群体的经历、文案（词语）使用的具体环境而给予的特定理解。

2. 认知

（1）认知过程

认知指的是一个人的思维过程。比如，广告受众接触到一条广告信息时会有何反应呢？通常，广告受众并不会立刻接受这条信息或者努力去记住它，而只是有可能会对这条广告信息进行思考，这种思考就被称为认知反应。

（2）影响认知的因素

认知一致性。认知一致性是指受众个体都希望所接触的信息与他们固有的价值观念、偏好和行为保持一致。如果受众所接触的新信息与其之前的经验不相吻合，则一般会导致两种后果：要么受众对信息予以质疑、抵制；要么受众对新信息进行重新理解并被接受。消费者在接触广告信息的过程中，其对广告信息的内容与自身固有的认知是否能够保持一致对广告创意人员是一个重大的挑战。

论证的力度。广告诉求信息论证力度的大小对受众的认知当然也会产生相当大的影响。在什么情况下使用论证力度大（小）的广告诉求？广告创意人员只能根据其目标受众处理信息的动机和能力来调节诉求信息的论证力度。如果目标受众对本品牌抱有比较积极的态度并且有能力处理信息，此时，广告诉求信息的论证力度可适当加大。否则，一旦受众对诉求内容提出质疑，就会把无力的论证批驳得体无完肤。

AT＆T曾有一则论证无力的广告诉求：“既然你拥有了更好的电话，那就毫不犹豫地打吧！”显然，这样的诉求难以产生劝服的效果。因为并不是所有的消费者都会随着新技术的开发而更换他们的手机，而且他们也想不出太好的理由去打更多的电话。但是，如果把上述内容以强有力的论证予以诉求："在一年内，每分钟周末长途话费降低了25%，没有别的交流和传递手段会如此便宜。"这样的诉求显然更有逻辑性，也更有劝服的效果。

3. 记忆

记忆是指受众对所接受的信息予以保持，从而形成难以忘记的印象。消费者首先通过知觉了解相关产品的广告信息；与此同时，消费者还要通过认知对相关信息进行分析和思考。根据信息处理理论，人的大脑存在三种比较明显的记忆系统：感觉记忆、短期记忆和长期记忆。

感觉记忆。感觉记忆是指人们对通过感觉所得到的信息的储存过程。这种储存的过程时间很短暂，至多持续几秒钟。

短期记忆。短期记忆是指人们对其感知过并认为有一定价值的信息在有限的时间里的储存过程。这一过程主要是将其感知过的视听觉信息（事物）转换为语言符号，以便记忆。

长期记忆。长期记忆是指人们对大脑中众多短期记忆的信息进行筛选，对认为于己非常有价值的信息进行长期储存的过程。广告商常常使用重复的方法，以加强目标受众对产品的长期记忆。

（二）论证策略

1. 对比论证

所谓对比论证，是指将诉求产品或品牌与某个竞争标准物进行比较，并用论述和求证的方法对诉求产品或品牌的利益点予以充分的诉求。这种方式的广告又称为对比广告。从理论上说，所有的企业都可以使用对比广告，但是，从实际的效果而言，处于从属地位的品牌比处于领导地位的品牌更适合使用对比广告。需要说明的是，我国至今使用的《广告法》及其相关法规仍然不允许企业或事业组织使用对比广告。

2. 反驳论证

所谓反驳论证，是指广告商在其广告诉求中将有利于自身的事实提炼成一种理论，来否定竞争对手的批评。有研究显示，当诉求内容直接触及目标受众的关心点时，采用反驳论证型的广告往往是比较有效的。在大多数情况下，反驳论证型的广告诉求对象都是该产品或品牌的消费者或者竞争对手产品或品牌的消费者，这些消费者对广告商产品的优点与缺点是比较了解的。

二、感性诉求策略

（一）情感的基本概念

情感诉求的广告创意方法具有以下一些优势。

情感诉求的方式不会使受众产生抵触情绪，尤其是通过比较含蓄的表现方式时，其唤起情感的刺激将使受众在不知不觉间接受广告的诉求意图，从而达到广告劝服的目的。

情感诉求大都以故事情节予以表现，更容易引起受众的兴趣，而不需要受众做过多的认知努力；而受众在接受论证式广告诉求时，为了能够跟上论证的逻辑，就不得不集中自己的注意力来认知广告所传播的信息。

利用图片、音乐诉诸受众视觉、听觉并唤起情感的刺激比客观的富有逻辑的论证更容易感染受众，而且情感本身在人的大脑记忆中所保持的时间更长、更牢固。

相对于论证诉求而言，情感诉求方式更容易使受众在短时间里改变行为。情感的酝酿需要故事情节、较长的时间予以表现，所以，就不可能像论证型广告那样有较多的时间来诉求产品的利益点。运用情感诉求进行广告创意的本身并没有任何问题。问题是广告商或广告创意人员在利用情感诉求方式时，一定要认识到情感诉求方式的作用，要使情感诉求的情节、主题与诉求的产品产生密切的关联。

（二）唤起情感的方法

1. 戏剧

戏剧是在相对固定的舞台空间范围内，由演员以表演（对话、动作）为主要手段，将具有人物冲突、故事情节的剧情现场表演给观众欣赏的一门综合艺术。所谓“戏剧性”，就是戏剧艺术通过演员扮演的人物角色之间的矛盾冲突来展开其跌宕起伏的剧情、刻画人物内心世界，借以吸引观众，实现其具有审美价值的艺术传播效果。这里所说的戏剧指的是戏剧的特征，即在以情感为诉求策略的广告创意中，其表现方法应具有“戏剧性”这一基本特征要素。

2. 幽默

幽默是将看似毫不相干的两个事物予以“不和谐”的组合，从而引人发笑又耐人寻味。这种理论引发了幽默广告创意的大行其道。直到今天，幽默广告仍是广告界最常使用的且最具效果的创意方法。首先，幽默有助于消除受众对广告的不信任感，并使受众的情绪处于轻松愉快的状态，这种状态对于信息的接收是十分有利的。其次，幽默有助于吸引或维持受众的注意力。在许多硬性推销式的广告或其他常规的广告表现手法中，幽默是受人欢迎的解闷方式，并且幽默广告更能给受众留下比较深刻的印象。再次，同戏剧一样，幽默也可以深深地吸引受众的兴趣，从而在相当程度上减少受众对广告中心信息的抵御，使广告受众在不经意间受到广告的影响。

3. 音乐

音乐是通过有组织的乐器所奏出的变化的音符在时间上的流动来传达思想情感、表现生活感受的一种时间性艺术。音乐由音调、音速和结构三要素组成。虽然广告创意人员不太可能亲自作曲，但他们必须懂得对不同的商品诉求内容应该采用不同的音乐予以配合，并且最好能够对音乐的基本知识有一定的了解，至少要能够与作曲者沟通。

三、引起注意的诉求策略

吸引目标消费者的注意力是实现广告传播目标的第一步，也是最关键、最重要的一步。如何引起并保持目标消费者对广告作品的注意是广告人员在开展广告创意活动之前首先必须思考和解决的问题。通常，广告创作可以通过四种方法吸引消费者的注意：增强刺激的物理强度、提供信息、唤起情绪、提供价值。

（一）增强刺激的物理强度

韦伯法则是关于人们对刺激感觉的理论，该理论的观点出自19世纪物理学家恩斯特·韦伯的研究。

该法则认为，一个人对其所接触到的刺激物的感觉强弱要依赖于刺激物本身的强度大小。例如，当环境噪音很大时，一个人只有大声喊叫才能让他的谈话对象听见；相反，当环境四周寂静无声时，一个人的轻声细语也能被他的谈话对象听见。因此根据此种现象的逻辑推演，刺激物的强度大小与该刺激物能否被信息接收者所注意的概率呈正比关系。所以，为了吸引目标受众的注意，广告诉求的方法就必须尽可能地加大信息刺激的强度等级。

广告信息的传递必须依赖于承载广告的媒介物，而每一种媒介物都实际存在一个承载和发布众多信息物的媒介环境，如果媒介环境的其他信息刺激本身就比较强烈，那么广告信息的刺激强度就应该更大一些才有可能被目标受众注意，这就是适应等级理论。如果媒介环境的其他信息大都是彩色的，则本广告信息的创作可以考虑使用黑白构图来增强刺激效果以吸引目标受众的注意力；如果媒介环境的其他信息的音响效果比较劲爆，则本广告信息的创作可以考虑使用柔和的或片刻的寂静来吸引目标受众的注意力。

（二）提供信息

通过向目标消费者提供有趣的信息以满足他们对知识的了解与掌握，是吸引消费者对广告诉求信息产生注意力的另一个比较有效的方法。不过，采取这种方法之前必须首先了解什么是消费者认为有价值的信息，消费者对哪些信息最感兴趣。

社会学家莫瑞·戴维斯认为，人们对与自己潜在的价值观念或文化信仰不一致的资讯比较容易产生兴趣。如果在广告创作中使用长文案来详尽地描述有关产品的特性、使用或购买的信息，也能够引起消费者的注意，但这取决于广告向消费者提供相关、合理及客观事实的承诺。

（三）唤起情绪

虽然广告商试图通过唤起情绪的方法来吸引目标消费者的注意力，但在实际操作中常使用的方法（情绪指向性）则集中在以下几个方面：关爱儿童的本能、喜爱动物、恐惧、性感和好奇心。在广告的诉求信息中，利用儿童作为画面视觉的中心可以较好地唤起父母以及成人对儿童关爱的本能情绪，它对于父母及成人目标消费者来说有一种强烈的吸引力。另外，许多孩子和成人对动物有一种由衷的喜爱，所以，在广告创意中动物常常也是视觉表现的中心。

（四）提供价值

趋利是每一个消费者与生俱来的本能，因此，吸引目标消费者注意力的更加有效的方法就是利用消费者的趋利心理向他们提供一些有价值的产品信息。这些价值既包括产品本身优于竞争品牌的功能价值，又包括产品所提供的竞争品牌无法做到的服务价值，更包括产品促销活动期的打折或赠品的价值。对于中低端消费者，这种方法所产生的广告效果会更好一些。

四、代言人策略

利用代言人进行广告诉求是大多数广告商最常使用的策略之一，国内外知名的演艺界明星几乎都为广告商做过代言人，而代言人所代言的产品也确实为广告商带来了较大的销售业绩。不过，代言人策略也有一定的风险，即当代言人自身因为违反法律或道德的丑闻被媒体曝光后，其所代言的产品也必将受到极大的影响。

（一）代言人的类型

代言人是指在广告作品中进行产品推荐的个人、人物或组织。代言人大致可分为三个层次：专家、名人和普通人。

1. 专家

专家是指目标受众可察觉并认可的在特殊领域具有专业水平的个人或组织。这些个人或组织在某种程度上可以确认产品的质量，有时还使用正式认可作为标记。正式认可是认证组织的专用标记，在产品的包装上或广告上可以看到认证组织为产品所做的担保。

2. 名人

名人是指被公众所熟知并具有一定影响力的个人。名人之所以有影响力，是因为公众大都向往名人的生活方式，并常常将名人的生活方式（所使用的物品）作为自己生活方式的参照物。国内大多数的名人代言主要来自于娱乐界、体育界和传媒主持人。

3. 普通人

普通人是指在广告中出现的产品推荐者。由于普通代言人与目标消费者的生活情形比较贴近，因此他们的推荐也容易得到受众的认可。

（二）广告代言人的选择

一般而言，广告商选择代言人至少要考虑以下几个方面：受众特性、代言人与产品之间的关联性、诉求模式和成本有效性。

1. 受众特性

广告商应该选择哪种类型的代言人主要取决于产品目标消费者的特性。代言人对目标受众的影响力取决于受众对产品需求的动机和受众对产品信息处理的能力。另外，选择代言人还应考虑目标消费者所大体认同的价值观特性，也就是说，目标消费者对代言人的行为价值观持认同的态度时，该代言人的广告诉求才有可能对目标受众产生影响力。否则，代言人的广告诉求就无法影响受众。

2. 代言人与产品之间的关联性

广告商选择代言人，尤其是名代言人，一定要考虑代言人与代言产品之间是否有一定的关联性，否则，代言人的诉求就缺乏说服力。

3. 诉求模式

代言广告最常用的诉求模式主要有以下几种类型：

权威型：你应该使用这个产品。

直白型：我代表这个产品。

含蓄型：我正在使用这个产品。

平淡型：代言人仅仅与产品同时出现。

代言人广告与目标受众的诉求模式取决于代言人的类型。采用权威模式一定要谨慎，因为大多数受众是反感别人说教的，尤其是广告的说教。运用权威型模式的一个可能就是让代言人扮演父母或顾问。专家、学者适合于直白型模式，因为他们具有令人信服的知识和经验。名人适合于平淡型模式，因为他们对受众具有强烈的暗示性魅力。普通代言人一般适合于含蓄型模式，因为他们既没有直白模式的专家的可信度，又缺乏平淡模式中名人的魅力。这种模式的诉求实际上就是一种推荐，代言人在广告中会描述自己使用产品后的经验。在广告中，普通代言人扮演的角色和布置的场景应显得自然而不做作。比如，使用普通代言人坦白的观点，或者使用隐藏的摄像机拍摄代言人使用产品时的惊喜。如果过度地在虚构的情节中反复推荐，反而会降低广告诉求的效果。

4. 成本有效性

广告商在选择代言人时，一个相当重要的考量是为此付出的成本是否会产生最大的边际效益。具体要考虑以下几点：

最具影响力的代言人固然是最受欢迎的，但其收费也是最昂贵的。应该选择一个能与品牌相匹配、与品牌共同成长、同样具有吸引力的明星。

选择名人做品牌的代言人需要承担高风险。因为每个人都有弱点，名人也不例外。他们不恰当的言行会在不同程度上影响他们在公众心目中的形象。

总而言之，利用代言人策略进行广告诉求，应尽可能地避免出现主次颠倒的尴尬情况。在任何情况下，产品或品牌才是广告的主角，代言人则只是配角。广告传播的目的是让更多的目标消费者认知和记忆广告产品或品牌，而不是去认知和记忆代言人。

6 第六章　新媒体公益广告的创意

第一节　当前公益广告创意综述

所谓公益广告，就是指不以营利为目的，以大众或社会所关注的事件为诉求，以艺术的表现手法，通过媒体的发布平台，向社会公众传播有益的社会观念的广告活动。公益广告一直被广泛运用于传达政府意识、疏导社会心理、缓和社会矛盾等方面，同时，公益广告也在社会教育、文化传播、舆论导向等方面发挥着积极的作用，成为推动社会和谐进步的特殊力量。

一、当前公益广告的创意思路总结

公益广告是不以营利为目的的一种广告，它对反映社会问题、引导社会意识有着积极的作用。不同于商业广告花花绿绿般的精彩画面和语言，公益广告往往画面深沉，甚至有时恐怖；语言单调，甚至有时刻板，这样的公益广告虽然都不同程度地起到了宣传、警醒的作用，但是却也很难和优秀、耐看挂上钩。因此，有学者指出，公益广告创意是一个公益观念能够有效传播的必要手段。这也就是说，具有什么样的创意就会产生什么样的宣传效果。

二、公益广告创意的原则

对公益广告的创意原则，我国的学术界很早就给出了各种具有针对性的创意原则。不同的学者们对于公益广告的创意原则也有着不同的看法和认识。但是，笔者则认为很多学者对公益广告创意原则的概括，更像是一种对公益广告创作方式和方法的总结，因为所谓这些原则也一样适用于商业广告创意中，而并非公益广告所独有的。

三、当前公益广告创意具体内容的总结

公益广告的创意方式多种多样，有研究者提出公益广告的创意应当是“思”“情”“理”“趣”“美”

不同程度地互相交织、掺揉。笔者认为除去这些创意上的具体方法，好的创意离不开时代特征、离不开目标群体，尤其是公益广告更是应该跟上时代的步伐，反映现代社会所产生的现象和主题，公益广告应用于社会，植根于大众，这样才能发挥公益广告的导向作用。

举例来说，从最早的“节约用水”的公益广告，到后来的“预防艾滋”公益广告，再到现在的“粉红丝带、低碳环保”的公益广告，都是在时代不断地发展中，对当时大众最关注的社会问题的启发和倡导。同样，公益广告创意也随着时代、媒体、科技的发展在不断地突破。从最初的条幅、大字报到平面招贴画，再由平面公益广告到电视公益广告、电视公益广告到新媒体公益广告，这些都给公益广告创意以新的契机和发展空间（图6-1)。

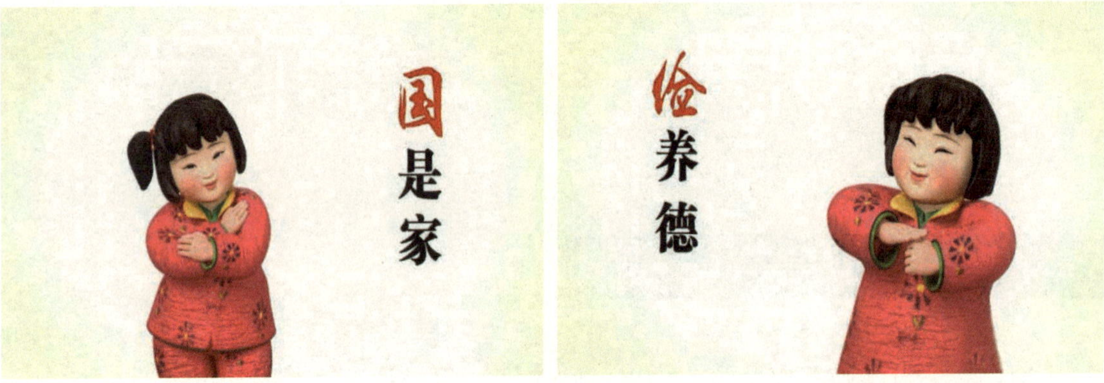

图6-1　公益广告

（一）公益广告的语言方法研究

公益广告创作中离不开广告语的创作，如果说创意是广告灵魂的话，那么一句好的广告语可以说是拯救一则具体广告的灵丹妙药。因为广告语中所要体现的信息是多样的，如企业策略、广告诉求、受众情感、语言艺术等这些汇聚为一句，这样浓缩、提炼出的一句广告语，对语言的要求是非常高的。

因此，公益广告语言的研究也有其各自的研究针对性。例如，有针对广告文案翻译的研究；有针对广告文案中语文资源应用的研究；有针对广告文案的趋势和走向的研究；有针对目标受众喜欢的语言的研究，等等。但是，笔者认为，如在前面创意内容中所提到的一样，不论对公益广告创意语进行怎样的提炼和研究，都要结合实际，结合所在的环境和科技背景，因为即使是公益广告的语言也不是孤立存在的。

（二）公益广告的设计方法研究

在广告界有这样一种说法：“好的创意加上好的设计，可以出一个成功的广告；平庸的创意加上好的设计，也可以约等于一个好广告；只有平庸的创意加上平庸的设计等于平庸的广告。”这就意味着，只要有好的设计，就有三分之二的机会能够有一个好的广告。虽然设计有时无法与策略和文案上升到同一个高度，是一个纯粹的执行者，但是，依然不能否定，视觉是最重要的感觉器官，视觉上的享受是任何感觉系统所不能替代的。因此，如何做好设计，有好的设计方法是值得认真对待和研究的问题。而且随着科技地不断发展，我们的设计也从最初的手绘到今天的电脑设计，这些都给公益广告设计以质的飞跃。

在新媒体传播下的现代社会，如何利用这一新媒体发布形式与设计创意的完美结合，又成了一项新的研究课题。的确，如今新媒介渗透到人的生活、思维方式、人类的历史及人类社会的结构，甚至文化的走向等方方面面，这种显著的变化是任何人不能视而不见的。笔者认为作为一个研究者，更应该积极地去拥抱和探索这种变化，以及这种变化所带来的种种现象和问题，这才是正确而积极的态度。

四、未来公益广告创意的多元化趋势

通过对以上的一些问题的分析和探讨，我们看到无论我们在探讨广告的思路还是广告的创意，都不得不谈到广告的传播方式，正如一位广告大师所说："广告之所以可以称其为广告，也正是因为它具有可传播性，如果没有传播，那广告也就不是广告了。"由此可见，传播方式对广告何其重要。

广告的传播方式也经历了发展。从传统媒体时代的平面化，被动性到新媒体时代的动态化、互动性、主动性，每一次变化无不带来一次公益广告创意的革命。如今新媒体传播方式逐渐从幕后走到幕前，大有取代传统媒体的趋势，这些传播方式的发展和变更使公益广告也呈现出了多学科融合和多元化融合的趋势。"FLASH 可动技术""触摸式人机交互技术""互联网实时下载更新功能"等这些新媒体所展现出的特点，也正在被应用于公益广告的设计和制作中，这对公益广告的创作来说既是机遇又是挑战。

另外，值得一提的是公益广告创意在新媒体传播环境下，更重视对互动性的发掘，让受众真正能够完成通过听的、看的到参与、传播这一行为发展过程，真正实现公益广告的终极目的——启发式接受。同时也开始公益广告以人为出发点，为人所创造，通过人为载体传播、人最终受益的岛性循环方式。

第二节　新媒体对公益广告创意的影响

一、新媒体的特点

截止到2015年，新媒体广告的影响力首次超过传统媒体，跻身主流媒体行列。

（一）新媒体的定义和特征

严格地说，新媒体应该被称为数字化新媒体。"新媒体是一个宽泛的概念，是利用数字技术、网络技术，通过互联网、宽带局域网、无线通信网、卫星等渠道以及电脑、手机、数字电视机等终端，向用户提供信息和娱乐服务的传播形态。"

新媒体是相对于传统媒体而言的，新媒体艺术大师罗伊·阿斯克特认为，新媒体最主要的特征可以归结为"连接性"和"交互性"两个。新媒体作品首先的功能是连接受众，能够使受众身临其境，并参与其中，而后成为新媒体作品的一部分，丰富新媒体作品；其次，新媒体作品还承担促使作品和受众之间产生连续作用和交互反应的作用。受众通过参与作品，直接或者间接地改变着作品影像、造型，并提升作品的主题意义，从而达到更广泛、更深刻的影响。

（二）新媒体与传统媒体的关系

从媒体的角度来考虑的话，新媒体可以促进传统媒体的继承与发展，因为媒体的作用离不开传播，无论新媒体还是传统媒体其主要还是承载着传播的作用。

随着网络的普及和数字技术的突飞猛进，新媒体不仅带给传播方式以深刻变革，也给艺术创作带来了颠覆性的革命。在新媒体的影响下，公益广告创意的形式和内容也面临着变革，而与新媒体结合的公益广告由于搭载了新媒体这辆时代快车，也已经从传统意义上单一的视觉表现、听觉表现，发展到视觉、听觉、静态、动态多样化的表现手法上，这其中的每一次变化、每一个环节的互动都体现着新媒体技术的深刻影响。这种变化也促使着设计师主体思想的变革，对设计师提出了新的挑战。同时也不断昭示着新媒体公益广告的发展必将趋于综合化和多元化，并表现出其独特的艺术内涵、思维方式、设计语言和表现方式。

二、新媒体传播下公益广告创意的延展性

在新媒体的影响下，公益广告的创意表现也由以往的平面化、静态化向动态化、交互性、综合性方向转变，并通过互联网技术、FLASH设计软件等创造出新颖的、互动的、具有可持续性的新的创意形式和表现方式，进而推动新的视觉欣赏习惯和审美文化习惯的发展（图6-2）。

图6-2 公益广告

7 第七章　新媒体环境下App广告的创意要素

第一节　基点与起点：一种新型广告形式的诞生

一、App广告的产生背景

当App广告以迅雷不及掩耳之势进入我们的生活，影视广告便不再犹如过街老鼠一般，伴随着一些优秀作品的出现，广告业焕发了一种前所未有的活力。在过去的半个多世纪里，中国的广告人一直从西方世界获取经验，广告形式也是追随西方，从传统的印刷类广告、实体广告到如今的电子广告、影视广告和网络广告，模仿中重生的中国广告业终于孕育出了新的生命——App广告。

（一）技术：Web3.0所带来的契机

影视科技改变了人类的生活方式，其图像和声音经历了由无形到有形、从平面到立体、从二维到三维、从数字播放到数字接收的变革，这种种的变革将人类文明区隔开来，无论哪个时期，保守派与科技弄潮儿的争论一直没有停止，但不可否认的是正是这些看似遥不可及的梦想成就了今天的App广告。

从认识科技到使用科技并不难，但是如何利用它对于广告人来说是一个很大的突破。国内绝大多数的广告都停留在传统的创意层面，很多广告公司容易围绕创意图纸打转或者走入标新立异的极端。就App广告而言，科技为其提供的不仅仅是生存的空间和创作的平台，更重要的是科技使其成为了可能，Web、SNS、4G都是App广告所必不可少的创作支持平台。

虽然科技产物众多，很多技术都为创作App广告提供了保障，但在以往的研究中，很多学者单单指出Web3.0成就了App广告，那么究竟什么是Web？什么是Web3.0？它又是怎样造就了App广告呢？

Web一词，我们并不陌生，本意是网状物的意思，现广泛译作网络、互联网等。对于互联网站的制作者和设计者来说，包括网站的前台布局设置、后台程序管理、美工设计、数据库等一系列技术，它是一系列技术的复合总称；而对于普通的用户来说，Web仅仅只是一种互联网的使用环境、氛围和内容，

Web从诞生之日起就从未停止过前进的步伐，从Web1.0、Web2.0到如今的Web3.0，它们已经是我们生活中必不可少的一部分了。

表7-1 Web1.0、Web2.0、Web3.0基本信息对比表

	Web1.0	Web2.0	Web3.0
受众特征	被动接受者	使用者与传播者	整合交互参与者
运作时间段	1993年至2004年	2004年至2010年	2010年至今
传播模式	网络—人	人—人	人—网络—人
传播特征	以静态和单向阅读为主	以分享为特征的网络与用户的双向实时网络	智能化和个性化的互动网络
信息获取渠道	浏览器	浏览器、网络服务器	网络大数据库
商业利用模式	点击流量	与产品结合获得商业价值	开发网民的劳动价值
访问终端设备	计算机	计算机、手机、电子游戏机等	计算机、手机、pad、电视机、机顶盒、电子游戏机等具有移动网络功能的终端设备
网络的功能	信息提供者	平台	理解者和提供者
独特性	阅读式互联网	可写可读互联网	可交互互联网
代表站点和产物	新浪、搜狐、网易、eBay、Google、Amazon、Yahoo	人人网、优酷、新浪博客、YouTube、MySpace、Facebook	云计算、微博、微信、短视频、直播平台、社交App等

从表7-1可以看出从Web1.0到Web3.0，互联网经历了从简单的编辑到现在的智能选择的网络操作模式，如果说Web1.0是一些单向传播的功能丰富、容易上手、扩展性强的应用程序和门户网站，如eBay、Google等杀手级的应用程序；实际上Web2.0更关心的是如何提供一个信息交流平台，特点是任何人可以参与到内容的创建中，例如在YouTube上上传一个视频，不需要专门技术，仅仅需要连接上互联网；而Web3.0除了继承以上两种技术的特性之外，核心元素则是互动性，这是Web3.0的技术创新点，也是它的竞争力之所在。

Web3.0的发展带来的是更民主、互动性更强、全媒体、全视频的网络环境，更清晰可行的盈利模式，可以非常便捷地实现数据上和功能上的互动，从某种意义上来说，这些都是成就App广告所必需的。App广告不同于一般影视广告，没有特定地宣传某种产品，而是从故事入手、从情感入手，把镜头对准电影作品本身，用故事情节吸引点击量和收视率，借用无线网络平台，在手机、pad、个人电脑等媒体设备之间实现点击、传输、下载、评论和分享，更迎合当今自媒体时代快节奏、碎片化接收信息的生活方式。

微信息的传播速度及时，不受限于时间和空间，甚至与现场同步。

App广告作为“微时代”应运而生的产物，具备了这个时代的全部特点，在成为商品之前，首先将Web3.0的特性与创意连接起来，广告接收者不再是调查统计意义上抽象的某类群体，而是受众到微众再到个体的演变，而这些群体和个人自主完成交流分享、消费决策甚至创意发散的过程，这同时意味着即

时的、人人参与的以及移动的智能广告时代革命的到来。

（二）市场：网络视频广告的高速攀升

广告业产能巨大，但是缺点是其发展必须依托于经济的繁荣，因此经济发达区域通常广告业也较为发达。目前，我国广告业主要集中于环渤海、长江三角洲和珠江三角洲等东部经济发达地区。但近些年，随着中西部地区经济的发展和一线城市广告投放成本的增加，广告业已逐渐向中西部地区及三四线城市扩散。借助于新媒体技术的支持，中国内陆的广告市场仍有很大的潜力。

由于市场潜力大，即便是竞争如此激烈，每年仍有大批的投资者瞄准广告这块蛋糕，在投资者和业界人士的共同带动下，网络视频作为广告业的生力军，以90%的网民渗透率成为第一大互联网应用，截至2015年底，我国网络视频用户达到3.72亿，视频平台的应用规模、用户增长速度都已列世界互联网的第一位。这样的数字意味着，广告主在选择网络广告投放平台时，视频平台是其投入和产出最多的，这是未来网络广告的发展重点，也是催生App广告发展的源动力。

中国14亿人口，使用互联网的人数达到了6.18亿，其中，网络视频用户达到3.72亿，大约占到了全国总人口的27%，这样巨大的人口比例带来这个行业的蓬勃发展。市场的容量大仅仅是一方面，网络视频服务商的发展也是其中重要的因素，现在的中国网民看视频有无数种选择，传统的电视台也有自己的视频播放服务，例如央视的CBOX，湖南卫视的芒果TV，一些省市电视台在PPS、电视猫和CBOX提供的直播服务等。可以说，区域集中度的降低、受众的上升、服务商的成熟等因素造就了网络视频广告的高速攀升。

（三）政策："双限令"之下的赢家

自2012年1月1日"限娱令""限广令"出台后，电视广告时间大幅缩短，价格大幅增长，逼迫电视台增加原创性节目和创新性广告，同时诞生了一种新的广告宣传方式——App广告。

相比于一般的传统广告，通过网络渠道来推广的App广告更有优势。App广告以一部完整的短片的形式，通过不同的主题来呈现一件产品或一个企业的内涵，更容易吸引受众。而且网络为商家提供很好的与观众互动的平台，便于收集信息和反馈意见，更有利于自身的改良和变革，单从这一点来说，App广告更具有生命力。

二、App广告的市场发展现状

（一）发起人

传统广告占据市场份额正变得越来越艰难，App广告作为低投资和高回报的新兴产业模式，受到了业内各界人士的推崇。就目前市场的反馈来看，主流的App广告主要有以下两种发起人。

1. 广告主发起

与传统广告进入中国市场的方式不同，App广告是由本土兴起的充满草根气质的营销模式。虽然是由广告主直接发起的，但是其制作团队却往往是由知名广告代理公司或者名导所包办的，例如著名汽车品牌凯迪拉克的《一触即发》便是由4A广告公司麦肯·光明凯迪拉克团队所打造的，而该部微电影的导演，是曾先后赢得克里奥广告节、戛纳广告节大奖殊荣的赫赫有名的Frank Vroegop。这类App广告，往往会同时配合其品牌宣传的其他活动一起播出，播出平台从电视、网络到手机媒体一应俱全。

受众所熟知的益达口香糖便是其中成功的案例之一，其同时借助于传统媒体和新媒体进行全方位的营销战术，获得了很大的影响力。在活动准备阶段，益达公司便通过新浪网站的官方微博，搭建了名为“益达——《酸甜苦辣》”的主题链接平台，这只是其中一步。与此同时，其在各大视频网站分批上传了App广告视频。通过话题的煽动性、活动的互动性进行微博的转发和网络视频的点击率，并进行有奖问答等环节，吸引受众后在网络中通过相关的活动话题和微博有奖互动来刺激网民争相转发，提高App广告在视频网站的点击量。在其第二部系列App广告《酸甜苦辣Ⅱ》剧本筹划阶段，其营销团队更是直接采取了网络征集的手段，获奖的故事剧本，其创作者可以获得高额的奖金。这种种的策略和活动的推广都是通过网民之间的交流和互动，来引起热烈的反响，从而取得了较高的受众到达率。

在电视广告中，时长是很大的问题，因为电视广告的收费很高，通常电视广告都是以秒来计算费用的，这就要求广告人需要在很短的时间内传播大量的信息。益达App广告在电视上播出的时候，也是选用了精简本，而且是分集播出的，而其完整的广告内容是在网络播出的，可以说这是聪明之举，既规避了时长的限制，又可以降低广告成本，在传达内容上也占有优势。益达在2013年推出的《酸甜苦辣Ⅲ》利用同样的营销战术进行造势，还未播出之际已经在网络媒体上取得了很高的受众关注度，这是许多同类企业所望尘莫及的。

在新媒体环境下，嗅到App广告商机的企业主越来越多，传统影视广告受到播出平台和技术手段的限制，很多创意的表达很难实现，而三网融合优势的App广告则更占优势，只要策划得当，无论是打造企业品牌还是宣传新产品，都可以起到四两拨千金的效果。

2. 网站组织策划

所谓网站组织策划，是指由视频网站、门户网站等各类网站所策划的，召集来自民间力量和非专业人士进行创作拍摄的微电影。而这类微电影通常隶属两大类别，即商业类和艺术类，App广告无可厚非是属于商业类的，但关于艺术类微电影的划分界限却不是十分清晰。

与广告品牌合作的商业类微电影，以电影的形式呈现，但是其电影的主角往往是某一个或几个产品和品牌，观者在欣赏电影的同时记住的是产品和品牌的理念和实物，其商业性质显而易见，这种便是App广告。而常见的艺术类微电影，往往是网站为鼓励新晋导演所策划拍摄的，虽然主办网站背后的动因往往是为了盈利，但其运作过程复杂，因此这里不做研究。

关于艺术类微电影，之所以说界限模糊，是因为其背后投资方的不同所致。和院线电影一样，除去公益广告不说艺术类微电影迫于资金压力，往往会寻求和广告品牌合作，这些微电影虽然剧情和人物刻画都是从艺术的角度出发的，但是所传达给受众的情节与植入式广告贴合紧密。例如，中国电影集团联手优酷网共同出品系列微电影《十一度青春》，其中的一部微电影《老男孩》获得了巨大的成功。这部电影投资资金70万，拍摄周期16天，片长45分钟，但是其上线后的第一天就得到了30万的点击率，第二天这个数字已经飙升到70万，随后很长的时间也一直保持很高的增长速度。这部电影很具典型性，代表了很大一部分艺术类微电影的现状，很多网友看待这部电影就如欣赏普通的院线电影一样，被其中的故事情节打动的同时，不自觉或者主动地认同其中蕴含的消费文化，甚至忽略了汽车品牌雪佛兰科鲁兹全程支持的商业目的。

关于其营销的成功之处，网友的发言最有说服力。网友“山谷城市”评论：“早上连看筷子兄弟的《老男孩》和《父亲》两部网络电影，竟然流泪了。在影片及主题曲结束之际，雪佛兰科鲁兹logo及‘未来为我而来’几个字出现，毫无做作痕迹，自然过渡，却深入我心。”博主“风姿物语”更是发文称：“看了《老男孩》，科鲁兹走进心中。”通过优酷和雪佛兰联合推出的《老男孩》可以看出，之所以说界限模糊，是因为虽然是艺术类微电影，可汽车企业作为赞助商将其企业精神与电影结合，并借其造势进行了一系列售车活动，使其中型车获得了很好的销量，这却是商业类微电影惯用的宣传策略，这样的现状一直存在，也是一部分App广告难以归类的原因。

其实App广告市场遍地开花，不仅仅是这两大发起人的功劳，国内外广告大赛、电影比赛承办方、各大高校和拍客们都对推动App广告的蓬勃发展起到了推波助澜的作用。但就产出量来说，只2013年上半年，用于投拍微电影及网络剧的金额已高达12亿元，这些资金绝大多数都来自广告投资。根据芭乐观察的数据显示，2013年一年中，微电影行业广告主的行业分布及所占比例已经愈发与同视频网站的广告主投放市场份额的行业分布及所占比例相接近。基于此种现状，本书以商业研究为出发点进行了以上两大分类，并基于以上两种来源采取本书研究所需的案例样本。

（二）产业现状

本文在调查App广告产业现状时，通过对优酷、爱奇艺、土豆、电影网、56、乐视、激动、新浪、搜狐、PPS、PPTV、风行、CNTV、腾讯、酷6、糖豆网和YouTube等主流视频网站的视频搜集，分析了App广告的行业分布、影片题材、影片时长等内容。

1. 行业分布

从近三年广告主所投入的影片来看，投入微电影的广告主涵盖汽车、食品、快消、游戏、电子产品、服装、家居、金融、通讯等多个行业。

总体来说，App广告行业内百花齐放，快消、汽车和娱乐行业占据市场较大份额，受众人数最高的快速消费业占据市场第一份额，而汽车和娱乐业等市场回报大的行业也一直维持较高的广告投入，未来的行业市场发展还有很大空间。

2. 广告主投入的微电影影片题材

App广告题材广泛，包括爱情、温情、励志、青春、喜剧、公益、悬疑、惊悚、奇幻等多种题材，与普通电影无异。

爱情类所占比例最高，其次为温情、励志、公益、青春。对于广告主而言，爱情、温情等情感类题材的微电影更容易被其所接受，也易于其商业诉求的表达，而选择励志、公益类题材的微电影表现了其期望通过正能量的内容传播传递广告主积极向上的企业精神，App广告的题材也体现了广告行业良性发展的一种趋势。

3. 广告主所投入的微电影影片时长

在视频网站，App广告多以5分钟以下、5～10分钟、10～30分钟、30～60分钟、60分钟五种影片时长来划分。

根据全球第一大视频网站YouTube搜索显示，20分钟的长片App广告数量最多，搜索结果达到了28000条，其次为4分钟的短片，有16400条；在百度视频搜索App广告，0～10分钟时长的最多，为

17872条，其次为10～30分钟的，有1985条，而30分钟以上的只有247条；而在中国第一视频网站优酷的搜索数据则为：0～10分钟14150条，10～30分钟871条，30分钟以上59条。虽然，从数字上来说0～10分钟的微电影数量最多，但低于5分钟时长的微电影，多数可视为“伪”电影、真广告，而且App广告界限模糊，一些普通的影视广告多混杂其中。

因此，参考YouTube的数字可知，播放次数最多、广告主投入量最大的影视广告片长多为5～20分钟的App广告。这显示对于广告主而言，他们更关注如何通过微电影讲好企业的故事，而不是如何通过影片的传播从而让受众认识企业。

（三）存在的问题

2013年，广告主和视频网站根据其自身的商业诉求和宣传需要，通过定制剧、植入、举办比赛的方式，或大手笔投入，邀请名导和明星加盟微电影的制作，或小成本投入，有草根和学生的积极参与。既有数分钟的短片，也有100分钟以上的长影片，影片题材更是纷繁多样，可谓百花齐放。

总的来看，广告主在微电影的投入上可谓不小，影片题材质量等也不可谓不好，但有相当多的作品传播效果却不甚理想。这反映了多数广告主虽然认识到微电影作为新媒体媒介的重要性和有效性，但并未真正懂得如何利用，也不甚了解微电影传播的特点和受众，部分广告主事实上将微电影做成了长广告，强调商业性多过于艺术性，导致消费者不买账，自然没有达到预期的目标。

另一方面，也说明微电影业界多数从业者真正关注的是如何从广告主那里获得收入，而不是如何更好地为广告主服务。能从了解其商业诉求到产品策划、包装、生产、发行、推广、效果报告这一系列流程中提供个性化服务的专业从业者极少。

总体来说，虽然微电影市场迅猛发展与壮大，其商业化机会已经成熟，但市场却远未成熟，因此本研究着重于从创意层面，为业界和广告主解决受众诉求问题，力图将中国广告市场的创意产业推向良性发展的轨道，并使其立足本土，再走向国际。

第二节　分析与归纳：新媒体环境下的App广告创意要素

一、App广告的叙事手法

伴随着市场化进程的发展，全媒体时代的到来，各种广告传播的形式层出不穷，人们对于各种广告类型的接受度也越来越高，当传统广告不再吸引眼球，市场发展逐渐饱和之后，业界必然会寻求一些前所未有的广告类型，它拥有成熟的传播渠道和大量的传播受众，却又必须是一块未被完全开发的绿洲，而App广告正是这样的一片绿洲。

对于企业主来说，App广告与影视植入广告相似，企业可以以轻松自然的方式将品牌信息融入到App广告的故事情节之中，通过故事主人公的“事与情”达到升华，以引发受众的共鸣。对于消费者而言，App广告不同于普通的影视植入广告，它没有采用植入式广告那种生硬的切入方式，而是将品牌故事或者产品信息融入本身的叙事手法中，以更加柔和的方式使观众在潜移默化中接受企业品牌。无论是对于消费者还是商家来讲，评判一部广告片的好与坏都离不开叙事的手法，因此研究App广告的创意思维模式，其叙事手法的具体分析至关重要。

（一）从卖产品到讲故事

自人类进入信息时代以来，任何的生活方式都会涉及到广告，面对狂轰乱炸式的广告信息，人们一方面感到焦躁不安，另一方面对于信息的需求量也在不知不觉中上升。在这样一种背景下，任何企业都必须使品牌信息得到良好的推广，一家没有任何宣传能力的企业也是很难被消费者所信赖的。要使消费者记住品牌和商品，要持续性的推广才能不被市场所遗忘，这对于那些刚刚起步和没有雄厚资源的中小企业，是很艰难的过程。在寻求市场推广的广告中，利用互联网平台，采用讲故事的形式将品牌情感注入广告信息中，不仅可以增加品牌的核心文化，而且在产品营销的过程当中，通过释放品牌的核心情感能量，辅以产品的功能性及概念性需求，进而打动消费者的心灵，从而保持产品市场份额的持续性增长。

在这个文化消费的时代，一则广告蕴含的绝不仅仅是普通的单一商品性，其中的信息所传达出的内容必需承载一定的内涵，有内涵和故事的产品或者品牌才更容易获得受众的认同感，App广告正是具有这样特质的广告形式。从受众的感性诉求出发把产品本身的品牌理念融入到剧情中，让观众与剧情产生情感共鸣的同时，接受产品所包含的内涵和理念，进而信赖产品，最后成为这个品牌忠实的购买者和消费者，这就是所谓的故事营销。

例如，RIO鸡尾酒在优酷App弹出广告页面的系列视频广告中，将产品故事情节和广告诉求紧密结合，推出的“本味”系列广告，广告创意设计新颖，效果明显（图7-1）。

图7-1 RIO优酷App视频广告截图（数据来源：优酷）

（二）性诉求和情色化叙事的运用

商品的出现来源于需求，弗洛伊德意识理论认为，性本能是人的行为的内在潜力，这种本能促使人通过各种方式获得满足。受众在性本能方面的需求，促使情色化传播的出现，在欧美等发达国家，性诉求与情色化传播已经被广泛运用，在国内的媒体中，这类的广告并不多见。由于国家政策的限制和文化的差异，电视台播出的广告中不可能见到像国外那样露骨的广告，但是网络作为新媒体平台，受众面更加年轻化，而且政策和文化的束缚较少，因此在性诉求和情色化符号的运用方面，App广告具有得天独厚的优势。

互联网上主打情色化传播App广告不胜枚举，很多点击很高却口碑很差，例如光影华视与聚美优品联合出品的职场宫斗剧《女人公敌》，该片于2013年6月17日上映，首播一周登百度指数榜首，在短短一个月的时间，全网点击已破5亿，被业内评为互联网领域内容与品牌及产品相融合最具代表性的标杆性案例。但是网友对此却并不买账，网上对于此剧的剧情、人物塑造和品牌植入都是骂声一片，这样的传播效果对于想要走高端精品化路线的聚美优品是致命性的，因为在受众心中对其定位已经归类到低俗、肤浅和廉价之中。与此形成鲜明对比的是寝室用品“慕思”推出的App广告《艳遇》，只是从影片的名字来看，就充满了情色化的元素，就影片的结构来说，其中也充满了大量的情色化符号，当然这也是其营销团队吸引受众眼球的一种策略，但是如何通过两性的魅力宣传产品却不陷入恶俗的泥潭却并不简单。

（三）悬念的合理设置

悬念设置在戏剧、电影、广告等具有时间性的艺术形式中十分常见，是叙事学常用的一种表现手法。一种情况是设置一个或几个悬疑的迷局来引发观众的好奇心和求知欲，另一种是到了剧情推进的某个紧要关头，故意停住，让读者对故事和人物发展牵肠挂肚，以达到吸引读者的目的。最后通过解悬，使读者恍然大悟或茅塞顿开，产生强烈的艺术感受。

在广告创意中悬念设置也是常用的手法，一般情况下，影视广告的悬念设置有平铺推进和系列剧式设置两种，平铺推进式的影视广告一般会在剧情发展到尾声的时候进行解悬，达到刺激消费者注意力和加深产品印象的目的；而系列剧式的影视广告，则是在一个大的故事背景构架下，进行分层设置悬念，随着剧情的推进，不断加强消费者的关注情绪，最后通过解悬，使消费者记住了商品或者品牌的相关信息。悬念创意的主要形式就是在广告中展示一个超乎常理的情境，画面表现的可以是一个不可思议的结果，或者是引人入胜的场面。当受众接触到这些第一手信息时，不能够马上得出结论，由此萌发了揭开谜底的好奇和欲望，这时悬念就随之产生了。经过一段思索和求知的过程之后，受众可以借助于广告中的广告语等提示信息，获得广告背后隐藏的真实原因，悬念由此破解。利用这一创意模式，可以充分调动受众的兴趣，以引发主动思考的方法使受众加深对广告的印象。

例如，美国箭牌公司推出的益达口香糖系列广告《酸甜苦辣》系列（图7-2），正是借助于悬念式的叙事手法，在网络和电视媒体推出系列剧，吸引消费者的注意。从前期广告片预热，受众就保持着较高的关注度，到播出时伴随情节的发展而产生的悬念，从而到触发消费者的好奇心，让受众像追剧一样对广告存有期待，保持持续的关注。决定广告成功的因素有很多，抓住消费者的心最重要，而广告公司推出系列剧，制造悬念使剧情层层推进，也是为了获得消费者的关注和喜爱。尤其是在广告信息冗杂的当代社会，一部成功的App广告必须要做到有故事情节，引发读者共鸣，内容让人感兴趣，才会引起关注，才会引入探究。一则没有故事情节的广告，就好像一场没有悬念的电影，最多博观众一笑。

图7-2　益达《酸甜苦辣》系列视频广告截图
（数据来源：优酷）

二、广告学中的“旧元素”与“新组合”

在学习经典广告大师的过程中，大卫·奥格威的成就最引人注目，广告学中的“3B”原则也是由他所提出的。“3B”具体来讲是指beauty——美女、beast——动物、baby——婴儿。以此为表现手段的广告符合人类关注自身生命的天性，最容易赢得消费者的注意和喜欢，通称“3B”原则。这三种表现手法在具体的广告案例中十分常见。

“3B”原则经历了多年地市场化运作，是非常成熟的广告创意理论。但是，就目前的App广告市场现状来看，一些广告滥用了此原则。因为网络的开放性，我们可以在网络上看到很多美女广告，尤其是为游戏代言的广告很多运用了beauty进行创作。广告中的美女穿着暴露喊着广告的宣传口号，仅此而已，这些广告根本没有任何创意可言，不仅让人没有美的享受，反而感到低俗，这对于一些产品的短期宣传也许还有点效果，但是从树立品牌的角度来看，百害而无一利。

因此，App广告在运用“3B”原则的时候，应该注意以下几点：前期的市场调查和品牌构建时，一定要了解清楚产品和品牌特性，是否适合运用“3B”原则要考虑得当，找到一种最合适产品的诉求方式将其呈现出来；在创作时，切忌喧宾夺主，要将广告的产品或者品牌与创意充分融合，不能为了创意而创意；在制作影视广告时，要抓住重点，充分利用创意点与产品之间的联系，在不影响审美的基础上充分实现广告主的利益。总的来说，合理运用“3B”原则，将其作为一个连接广告主盈利与受众愉悦消费之间的桥梁是App广告所追求的最终效果。时代在发展，变化时刻都在，移动互联网时代，“3B”原则可以引申为“美女、儿童、红包”，因为赏心悦目的美女、天真无邪的儿童、抢手的红包都是这个时代大众乐于接受的信息元素（图7–3）。

图7–3　App欢迎界面系列广告
（数据来源：手机客户端）

8 第八章　新媒体时代互动广告创意策略

第一节　新媒体时代互动广告的发生与发展

一、新媒体的产生与发展

新媒体是相对于已经出现的媒体的一种广义的分类。一切相较于传统媒体的媒体都是新媒体。也可以认为，一切创新形式的媒体都可称之为新媒体。我们暂且将报纸杂志等平面媒体、电视媒体、广播媒体称为传统媒体。随着网络的普及，新技术日新月异的发展，广告媒体也顺应时代的潮流不断更新。新媒体的发展离不开互联网的强大推动，因而互联网将成为新媒体发展的必然趋势。随着数字技术地不断发展，信息地传播在新媒体的呈现方式下会变得传播速度越来越快及传播方式更多的局面。中国网民地逐年增长，人们从新的媒体中得到了不同的生活体验，人类的社会生活也因此变得越来越丰富多彩。

二、互动广告的产生与发展

在数字化与网络化传播时代，传播新技术让互动传播模式有可能在新兴广告形式中成为主导传播模式，以互动传播为主要特征的互动广告因而诞生。可以说，数字与网络传播技术的高度发达是互动广告发展的基本条件。

网络涵盖报刊杂志、广播电视等多种媒体的特色，是全方位的信息传播工具，兼具人际传播、大众传播、组织传播和群体传播的特性。基于网络与数字技术的互动广告无疑极大地延伸了信息传达的影响力和维度，其即时性、适应性等特点进一步强化了信息传达的时效性和可控性。借助互动广告，广告主的个人化营销模式才能真正实现，才能在此基础上实现精准营销和目标营销。广告主青睐互动广告最根本的动机是其互动性可以为广告主提升广告价值、增加品牌知名度及产品购买力。

三、新媒体与互动广告的结合

新媒体和互动广告的结缘关键的推动在于互联网的发展。互联网的发展使得信息发布的时效性和传播性大大提高，信息发布方式由平面化转向立体化，信息量剧增，互联网的信息传播不再是传统媒介单一的“点对点”传播，而是表现的传播方式多样化，且由于互联网的无国界性，使得互联网传播信息呈现无国界化。新媒体与广告互动结合的传播模式带动了新媒体广告行业的快速扩张，广告主已将主要目光从传统媒体上移开，潜心接受和研究新媒体互动广告的效果，因此成为了当下的主流广告投放方式，前景极好。

对于广告主来说，只有争取到更多的受众、更长的注意力时间，才能使广告价值增值。互动广告的主要特性是其互动性，广告互动过程本身能带给受众沉浸体验。在互动广告中，广告主也可以采用延长绝对广告主的时间来抽取“绝对剩余价值”或加强广告注意的强度来抽取“相对剩余价值”这两种方法来使广告增值。需要强调的是，与媒体用强制收看的手段抽取“绝对剩余价值”不同的是，互动广告“绝对剩余价值”的产生是由观众自愿行为达成的。互动广告则不同，虽然观众一样付出超过“必要劳动时间”来注意广告，但他们同样也获益不浅：获取了其感兴趣和需要的信息，更重要的是，在互动过程中，还获得了愉悦的体验。

第二节　新媒体时代互动广告创意策略形式

互动广告是将与生活场景、软件应用、游戏、互动液晶屏等载体相容的广告信息，以游戏和娱乐的方式向受众传达的广告形式。广告商用目标消费者感兴趣的内容吸引消费者积极参与活动，在活动中体验和感受品牌传播和产品优势。消费者在此过程中拥有自主选择权，随心所欲地控制时间、地点，选择是否获取信息，不再受到强制的广告压迫。以下是当前常用的新媒体互动广告策略形式。

一、趣味“惹”人关注，意想不到的有趣

Iplayer为英国BBC公司新推出的新的服务产品，它的卖点是能够实现任意点播过去一周该电台播出的节目。这项服务一经推出就得到了英国网民的喜爱。随后Iplayer制作并在网络上投放了“触摸明星”的广告，在广告视频中请来了五位大众熟悉并喜爱的明星，分别拍摄了五支广告。

图8-1　英国BBC公司新产品广告

当观者连接到外接设备ipad或Facebook的时候，便可以跟随视频下方的观看指南对TVC中的明星做相应的动作，观者用手指在屏幕上滑动，触摸明星的鼻子，扯动明星的脸等，结果此等动作就像真的触摸到明星一样，这个创意很好地结合了新媒体和互动性，与广告目的相契合，达到了良好的传播目的（图8-1）。

这一互动过程肯定能令我们觉得在互动的过程中非常好玩，产生欣喜与愉悦感。传统媒体时代，广告创意新颖的口号，丰富多彩的形式，最后似乎没有获得消费者有效的反馈，广告创意传播效果下降，甚至，现实的消费者已经开始厌倦并躲避这些外表华丽并富有情趣的糖衣炮弹。因为在现实中或心理上，这些广告也不例外，都是单向的传播方式，并始终保持与消费者的距离。

新媒体环境下，商业广告通过娱乐手段为消费者制造快乐的生活体验。新媒体时代的广告不仅能让消费者的感官达到前所未有的满足，与其内心情感得到最大程度上的共鸣，还能使消费者乖乖的掏出腰包购买产品。强大的互动性结合数字媒体技术使广告增加了趣味性。消费者不再被动的接受说教广告，而是主动参与到广告中来，在广告中体验产品并感受品牌，从而达到潜移默化传播品牌及传递产品信息的目的。

二、智能充当引导，酷劲十足的科技感

科技的迅猛发展，也让生活在其中的人们尝到了便利，人们不再单纯地接受广告，而是从思想上得到满足，当他们看到科技感十足的广告，也毫不吝惜时间和精力，停下来探究一下广告主又玩起了什么新花样。

在韩国首尔，一个新的金融商业中心开幕（国际金融中心），为了方便消费者找到路线，此中心建成26个电子信息亭，购物者可以通过它们轻松的找到他们想要去的地方。而当消费者站在信息亭前面查询信息的时候，他们同时也在被这些信息亭观察着（图8-2）。

图8-2　电子信息亭LCD触摸屏广告

原来有两个隐秘摄像头和一个动作探测器被安装在每个信息亭的LCD触摸屏上方。当有人站在信息亭面前时，信息亭上面的屏幕会通过面部识别软件对此人的人口属性信息进行识别，据此投放相应的广告。举例来说，如果是一名中年男性在信息亭中查询男装的信息，那么LCD屏幕上就可能出现相关符合他年龄的男装品牌；如果是一名青年女性，则可能出现冰激凌广告或者女性内衣广告。这些广告大多是与消费者互动的，通过触摸屏幕，消费者往往得到愉悦体验和一些优惠的信息。

当广告受众在网络上主动搜索或者将想要买的物品加入购物车时，因为种种原因放弃了购买行为，利用网络实时竞价广告可以通过浏览者在网络上浏览时留下的痕迹辨识出哪些是广告主的目标受众，当该用户浏览网络的各个页面时，媒体页面的广告上面就神奇般的出现了该用户想要买却没有下单产品的广告，以此一方面刺激消费者进行在线转化，另一方面，让消费者感受到科技带来的智能感和新鲜感，

从而对广告主或品牌产生好感和关注度。

三、名人支撑，强有效的内容互动

名人永远都是关注的焦点，从明星发微博被转发的次数或被关注的次数就可以看出名人效应以及明星与粉丝互动的力量的巨大传播力。通过社会化媒体，明星与粉丝的互动，在关注背后巧妙植入广告，既让话题包含趣味性又显得自然而不生硬。

一个很成功的例子是建立和保持与网民互动的《爱情公寓》出演的明星陈赫和上汽宅捷修之间的互动。在这里介绍一个明星微博与受众通过互动传播品牌和产品特性的案例。某策划公司经过长时间的准备，以增加上汽宅捷修粉丝量和关注度为目的的广告策略就这样产生了。首先陈赫在微博上打出广告语“好男人就是我，我就是宅捷修”，既与自己一贯搞笑和在受众面前的气质相符合，又将上汽宅捷修引入粉丝及广大微博用户视野中。随后，陈赫告诉微博上面的红人留几手，并让其给予评价，在留几手的言论中再次提到上汽宅捷修字眼，这让关注留几手的粉丝也知道了上汽宅捷修。

紧接着陈赫与上汽宅捷修展开了一些自然而有趣的互动。陈赫用卖萌的方式与网友互动时拉近了彼此的距离，赢得网友的关注和喜爱（图8–3）。

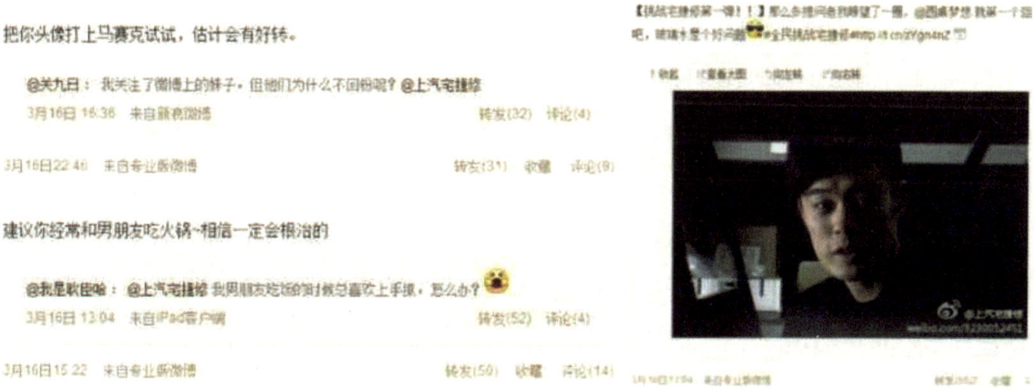

图8–3　陈赫与粉丝微博互动

经过前期一些预热互动话题，此后广告传播真正拉开帷幕，陈赫通过一些视频回答了在预热活动中抛出的问题，并通过上汽宅捷修的微博正式发布。视频的主题为“全民挑战宅捷修”，视频内容为陈赫（好像还有另一位解答者）解答提到上汽宅捷修的问题。视频截止到3月24日共播出34个，这些视频每个都被网友转发几百条甚至几千条，传播影响已经初步形成。

四、体验制造愉悦，身临其境的互动好感

诺基亚Lumia手机将手机的功能通过科技的力量展现在受众面前，让受众身临其境地体验了手机的各种功能。

诺基亚为了让消费者切身体验用Lumia手机玩游戏时候强大的娱乐性及听音乐时的极大享受，在街头设立大屏幕，并利用触感技术在地面上将所有手机的应用罗列出来。这一创意引发周围市民驻足围观，人们开始踏上手机界面体验Lumia手机的各种功能。当点开愤怒的小鸟这个游戏时，画面上也同时

出现了游戏界面，人们通过抬动双腿踢飞小鸟玩游戏获得戏剧性的娱乐体验。当点击音乐功能，播放某一歌曲时候，便会有明星在屏幕上与受众互动（图8–4）。

图8–4　Nokia Lumia 真实互动体验：踢走愤怒的小鸟

消费者在做决策时候的情绪非常重要。消费者做决策时所需要的是对品牌的讯息，而非广告，品牌讯息会以极低或近乎于零的方式被“需求”。这种需求呈现在两个方面，其一是以不显著的被动学习认知方式推动，这种被动学习的呈现方式，是不积极改变消费者的意见或态度，但在提到名称时能够联想起来；其二是一种潜在的自动学习，在消费者日后思考时被联想起来。这类潜在学习无意说服对方改变态度或强化任何观念，仅仅是建立一个关系，植入消费者的认知中。这种潜在的学习需要消费者投入一点点注意，这就是体验互动的作用，让消费者通过兴趣被吸引，参与其中，产生愉快体验，并在潜移默化中对品牌产生好感。当参与过的消费者下次听到音乐效果极佳的手机或娱乐性能强大的手机时候，会自然而然地联想到诺基亚Lumia手机。

第三节　新媒体时代下互动广告创意策略存在的问题

一、广告策划人员凭借经验制定广告策略

新媒体时代，广告创意人对于媒介环境的变化，新的消费者需求以及传播方式的新变化、新技术和新潮流不能纸上谈兵，只作口头应付，而需与时俱进，继续了解新的媒体消费需求，感受目标消费群体的信息接收方式。当前，广告人应该积极地使用RSS阅读器，订阅消费者常看的网络报纸和杂志，同时，还要与新锐的年轻人进行沟通，让他们围绕在你周围，并把其看作活的ISS资源。Web2.0时代，广大的互动受众是广告人获取创意的最可靠保证，如何有效地和受众进行沟通，从不同渠道获得新的想

法，并把这些想法整合起来，成为了广告人必须面对的问题。

与此同时，新媒体环境下的广告也呈现出许多新的内涵，传统的“强推式”广告日渐没落，取而代之的是一种“互动式”软广告，即依靠某种理念、文化的力量，是在用一种无形和长久的方式影响消费者。正如当代品牌大师菲利普·科勒提到，“一流企业卖文化，二流企业卖品牌，三流企业卖产品”，在生产力高速发展，产品极大丰富，供应远远大于需求的时代，“文化”再次成为广告创意的焦点。

二、互动形式单调的“伪互动”现象

互动广告的创意形式可以呈现出千变万化，其目的是让消费者能够置身其中，不再受到“被广告”的被动说教，而是可以提升对广告的兴趣，进而参与到广告活动中来，与广告主完成互动。消费者在此过程中只有得到愉悦的感官体验，才能对广告中的产品或品牌产生好感，增加产品的销售机会。

然而目前国内的情况是，很多互动广告打着“互动”的旗号，但并没有真正发挥其应有的优势，互动的形式也很单一。第一，缺乏独特的互动体验。大多数互动的广告形式是用户上传照片和文字，然后参加抽奖，互联网上的交互式广告很大一部分都是这样的。这种形式的广告让受众看多了会产生视觉疲劳，就会对广告失去兴趣。第二，互动奖励与产品缺乏关联。转发的奖品千篇一律的为苹果公司的产品等，与广告主所传播的品牌和产品都毫无关系。这样的结果就是用户虽然主动参与到了广告中，但是对奖品以外的内容并没有进行关注，甚至不知道自己参加了一个什么样的活动。因此这样的互动广告可以说做了还不如不做，不但不利于树立品牌形象，还会破坏广告主在受众心中的良好印象。

三、抢夺受众眼球，盲目追求新的广告形式

新技术的发展有着无限的可能性，可对于新媒体广告来说，这样也会有两种结果：一是传播技术的发展可能让新媒体广告日新月异；二是新的传播技术也可能导致新媒体广告走向一个极端，变得千疮百孔，光怪陆离。

新媒体时代，打开我们的电脑、手机，各种各样的广告信息蜂拥而至，房地产广告、汽车广告、饮食广告等，一个接一个向我们袭来。我们仿佛置身在新媒体所提供的信息海洋里，而这其中广告信息几乎达到了无孔不入的境地。

一些广告策划人员通过追求最新的广告形式，希望抢夺受众的眼球，却忽略了创意本身，将产品或品牌盲目地套在新的广告形式上面会让广告创意本身失去吸引力，这样做不但对产品和品牌的传播没有帮助，白白浪费广告预算，而且也会适得其反，让消费者产生厌恶和反感。

在互联网背景下，广告主有许多新兴的媒体可以用来投放，广告主使用这些媒体时候应该有计划，注重反馈，用最佳组合投放出最佳效果。广告主在选择媒体和投放平台时，要针对不同的广告投放目的，针对不同的目标人群，结合自身产品选择最优投放渠道。

四、线上广告攻势猛烈，线下无人问津

在投放线上互动广告的同时，也要在线下各个端口将消费者聚拢在品牌之下，让广告做的有血有肉，既有线上的生动活泼，又有线下的亲近热闹。光是在线推广活动往往难以取得实质性的销售目标，所以网络广告和线下营销不可分，线上广告效果再好也是短暂吸引受众的手段，线下营销才是广告主最

终的目的。

虽然中国网民数量庞大，而且在逐年扩大规模，但线上的广告活动仍然是广告营销策划的一个分支。网络平台因其不受时间和空间的限制，在同一时间通过信息单向及多向的传播，可以达到信息快速传播和推广的目的。但广告主并不能仅通过线上的广告活动维系客户关系。要让品牌真的有血有肉，还需要线上和线下活动一起发力，诉求一致，才能达到两者结合后无限的传播力量。消费者也会因为线上的互动活动以及线下真实的活动体验到广告主的热情和关爱。

五、创意层次浅显，缺乏深层思考

为了吸引观众的注意，有别于其他企业，广告商应该提倡创意互动广告。趋利是动物的本能，在制作广告创意时候用吸引受众的“利好”消息，如赠送一些小礼品、中奖、打折信息等都会成为受众点击并参与活动的好点子，还可以制造悬念。商家可以利用人们的好奇心进行广告宣传，可以吸引相当多的关注，通过设置问题、摆出困难，让群众回答的方式来达到互动的目的，让受众回答的方式实现互动的创造性运用，使人们在好奇心理的驱使下，积极参与活动，从而给体验者留下独特的体验。例如，今年小米手机会议海报“一块钢板的艺术之旅”，在互联网上的亮相引起互联网媒体热烈的讨论，这次会议的主要内容，起到了良好的广告效果。另一个例子是互动游戏，广告主可以发挥和设计交互式体验，将产品信息嵌入自己的游戏中，或者广告页面成为游戏的入口，人们通过点击广告可以进入游戏，用娱乐体验潜移默化地影响受众喜爱自己的品牌或产品。

9 第九章　新媒体时代下平面商业广告的创新性

第一节　新媒体商业广告创意概述

一、新媒体时代，平面商业广告传播特点解读

平面商业广告是一种信息传递艺术，按现代传播学的观点，它是大众传播的一个重要分支。作为商业广告向消费者传递的最多的形式则是海报。海报又称“招贴”，是广告媒介的一种，是用造型艺术手段表现广告主题，并张贴于公共场所的广告形式。海报画面较大，又张贴在明显的位置，从远处可以吸引大众的注意，因此在宣传媒介中占有很重要的位置。海报或招贴曾经作为宣传思想的政治工具，或者联系商品与消费者的桥梁，发挥着重要的作用。平面商业广告作为产品视觉信息传递的媒介，是一种文字语言与视觉形象的结合物。不管其视觉形象是抽象的还是具象的，作为视觉信息，意在创造一种能够迅速传递的印象，取得瞬间的效应，使观者过目难忘。而达到这一目的的设计师就必然要追求广告的艺术处理、创意和表现力。

借助电脑设计的强大手段，平面图形、摄影、手绘、漫画等不同风格的媒体都可以在平面商业广告中相互融合或“拼贴”，成为企业展示产品和形象的最有力手段。现代广告除了以往惯用的摄影、写实绘画外，平面拼贴、超现实主义手法的借鉴、抽象漫画等也都备受设计师的青睐，以此来创造出超现实的视觉冲击力效果，给受众留下深刻的印象，如国外的一组名为《脆弱的人类》的交通意识的广告，通过电脑的巧妙变形与合成，使观众看到了交通事故的残酷，感叹人类的身体是多么的脆弱。广告是一门综合学科，它包括了各种不同媒体手段的融合和结合，其中数字媒体艺术是其广告具有表现力的核心要素之一。数字媒体艺术在平面商业广告中有广泛的应用，无论是户外海报招贴、灯箱显示还是网络媒体，包括Photoshop、Illustrator、Corel DRAW等软件都是最常用的设计工具。除了以上软件外，自然还包括著名的Apple Final Cut Pro、Autodest3dsmax和Maya软件。通过这些软件实现的三维数字动画广告片是目前平面商业广告的主体。微软公司通过视频合成与轨道叠加做成了公益广告片，而同样的设计素材

也转换成了纸媒广告。这样一举两得，不仅节约了广告成本，也使得同样的广告诉求能够同期出现在不同媒体上，达到吸引公众注意力的效果。

二、新媒体催生了平面商业广告的创新

现代平面商业广告的发展历史也是媒体不断推陈出新、实现多样化发展的历史。平面商业广告传播手段即广告媒体的发展与科技进步息息相关，每一次科技变革和技术创新，都可能催生一种新型广告媒体或者间接促进其他媒体广告的发展。无线电技术的发明导致广播媒体的产生，广播成为报刊之后的第三个大众传播媒体；电视媒体的产生，不仅使电视成为20世纪最有影响力的大众媒体，而且成为第二次世界大战后世界广告业发展的直接动力。其他媒体也不例外，以户外广告为例，户外广告在国外17世纪以后出现并发展，到了20世纪初，随着交通工具改进，尤其是汽车普及、公路建设发展，户外广告和交通广告应运而生，成为城市重要的广告媒体。例如，有一则广告说的是，一个大的集装箱货车，整个装货的车厢被做成一个箱包的造型，这意味着该品牌箱包的空间很大，很能盛东西，这则移动广告无论走到哪，都会给受众一种惊讶的感觉，会令受众印象深刻。

值得一提的是，新媒体的层出不穷并不意味着传统广告媒体的消失，它们通过与新技术的结合反而会得到更好的发展。电视产生之初，曾经有人提出广播将会消亡；网络产生后，也有人认为传统媒体受到冲击，甚至毁灭；然而我们看到的是传统媒体在不断创新中与新媒体共存，未来的媒体将呈现多样化的发展趋势。

第二节　新媒体平面商业广告的创意设计

一、平面商业广告创意的媒介策略

一则万宝路的香烟广告，使得“美国香烟牛仔”的形象数十年来长盛不衰，他那粗犷豪迈、自由奔放、奋斗不懈的“真正的男子汉”精神，带给人们（现实的和潜在的消费者）一个多彩多姿的动感世界。

追根寻源，一个优秀的广告作品的产生，其成功的关键固然有许多，但说到底，仅仅源于一个优秀的、不同凡响的广告创意。

在广告界经常被问到的问题，就是如何把握“广告创意”、如何“提高广告创意能力”、怎样才能“有一个好的创意”等。其实，广告创意的关键是：优秀广告创意的出发点必须是“为营销而宣传”。

万宝路香烟的最初广告创意是“连夫人和孩子都能吸食的低焦油型香烟”。最初的广告商选用了不同的女士和孩子进行创意和宣传，以致在大多数广告受众人的印象中该香烟成了妇孺皆宜的弱势形象代言品牌，严重地影响了该香烟的销量。之后，万宝路香烟改换了香烟广告商。新的广告商经过充分的市场调查，发现了这一致命的广告策划失误，重新策划和选择了新的香烟广告创意，重塑出崭新的美国人推崇备至的典型男子汉形象——“美国西部香烟牛仔”，着力渲染了美国人的豪迈、坚韧、不屈不绕、敢于开拓以及美国西部天高地远、落霞漫天、奔马满地的空旷和异域风光，着力渲染了万宝路香烟新的强势品牌，彻底抛弃了原有的弱势品牌形象，使其成了美国真正男子汉的象征，一举改变了万宝路香烟的滞

销状态，走出了一条“借助公共媒体的成功”的“营销宣传”之路。这也使得“美国西部香烟牛仔”的广告创意成了现代广告宣传的最成功案例并为广告人所称道。

由此可见，广告创意的出发点必须是“为营销而宣传”。任何广告作品，如果失去了这一基本出发点，那么不管作品如何花俏，都将堕入公益短片、泡沫电视剧的圈子，失去了为营销而宣传的广告创意的本意。

二、平面商业广告创意设计的标准

虽然我们对创意的“非常规性”做了许多阐述，但是我们不得不再次申明：广告创意是一种“遵命”创作活动；广告创意是一种纪律性很强的工作，并非像一般人理解的那样“天马行空”。下面这些条件，就是约束广告创意的一些框框，也可以看成是选择和评估广告创意的依据（图9-1）。

第一，广告创意必须建立在大量事实的基础上。所有的创意人员都要了解消费者对自己产品和竞争对手产品的看法：了解消费者在购买时考虑产品的哪些具体属性、特点、使用情况等；了解竞争对手在他们的广告活动中如何介绍自己的产品；了解某个产品属性或使用情况是否被竞争对手的广告所遗漏等诸如此类的问题。这些资料与信息和创意本身并不是一回事，但它们却可以为创意提供极有价值的情报。

第二，创意目的要明确。如果不了解广告活动的目标是什么，便不可能产生好的创意，也很难按传播效益来衡量某个广告创意到底怎样。美国广告创意专家大卫·都茨特别提出，为提高广告创意水平所能做的最有价值的事情，便是简明扼要地锁定广告意欲向目标受众传达的内容。人们常常从三个方面评估创意目标：目标的长期性与短期性矛盾、目标的层系特征以及整体传播反应与具体传播反应的矛盾。

目标的长期性和短期性矛盾是指，广告创意人员在强调传播时，他们的重心主要集中在短期目标上，但当他们强调销售时，他们又强调长期性。他们明

图9-1　某洗衣液广告截图

白，即使广告可以在短期内产生传播效果，但要影响销售却需要较长的时间。过分强调市场营销目标会导致广告创意人员急于在一条广告中塞进尽可能多的承诺，而不太顾及广告更大的营销目标，不太顾及广告在更大的市场营销计划中的传播作用。创意目标的层系特征主要是指，广告创意目标可以区分低度参与目标层系、认知层系、信任层系、行动层系等。与此相对应，广告创意的目的就是引起感知、增强理解、建立信任、催人行动等。

第三，创意设计要符合营销战略并具有优秀的视觉表现。创意是否与已有的市场营销战略，包括广告战略相符？创意能否在可支出的媒介经费内完成预期的效果？创意会不会使消费者按预定方式行动？广告创意是否符合公司的形象？除此之外还要考虑，广告创意是否符合目标市场细分，它是否与目标受众的问题与语言相吻合？广告创意的宣传对象是否与广告主预定的对象一致？创意是否能从竞争激烈的众多广告中脱颖而出？广告创意是否具有抓住目标市场的注意力的威力？创意是否能站住脚？它能持续多久？

由于创意具有很强的变异性和复杂性，即使上面都做到了，也要秉持“根植和服务于大众（广告受众）”，创意表现应与设计规则紧密结合，通过简洁明快的视觉传达来表现广告诉求。

第三节　平面商业广告的新媒体创意设计发展趋势

一、国外平面商业广告的发展趋势

（一）广告活动全球化

20世纪80年代以后，世界开始进入信息时代。广告业作为信息传播的重要产业，进入了一个新的发展时期。从世界广告业的发展情况看，普遍呈现出发展新特点和新趋势。

现代工业的发展，使社会化大生产达到空前规模，跨国公司和国际贸易使全球经济活动联系更加紧密，市场国际化与经济全球化趋势日益显著。广告正是伴随着这种趋势而国际化，国际广告业务越来越多，国际性或泛地区性媒介日益引起以世界市场为目标的跨国公司的兴趣，国际广告投入日益增加。国际性广告组织也应运而生，各种国际性广告行业组织在协调各国广告业发展方面发挥了重要作用。

（二）广告服务全方位化

由于信息技术和计算机在市场调研、贸易媒介和企业管理方面的广泛应用，大大提高了广告工作效率，有力地促进了广告业的发展。现在广告公司发展成为一种集多种职能于一身的综合性信息服务机构，向企业提供从市场调研、新产品开发、广告策划到售后信息分析的整体策划服务，使广告服务成为企业发展不可或缺的组成部分。

（三）广告行业产业化

广告公司不再局限于一些厂家或公司的附属机构，而是以专业化形式成为独立的经济实体。按照现代企业制度要求运作，涌现了一大批著名的广告公司和广告集团，其发展速度远远高于整体经济增长水平。20世纪80年代末，广告业已成为一种可创造巨大价值的产业，在各国的经济发展中发挥着重要的作用。

（四）广告传媒多样化

20世纪80年代以来，电子媒介飞速发展，卫星传播的运作、有线电视的普及，使广告增添了新的最有效的媒介。尤其是以计算机为载体的信息高速公路的飞速发展和互联网的建立，为广告信息的传递乃至整个营销活动开创了新的空间。除了电子传媒外，广告其他形式也在不断创新，礼品广告、邮寄广告、包装广告、大型实物模型等花样翻新，甚至连味道、色差等也成为广告传递信息的媒介。

（五）广告管理日趋严格化

随着广告活动在社会生活各领域的日益渗透，广告对社会经济活动的影响日益广泛和深刻。为了防止滥用广告，西方各国对广告业的管理越来越严格。各国政府纷纷通过立法或行业协会的自律行为，加强对广告业的管理，以达到规范、健康发展的目的。

二、我国平面商业广告的发展趋势

（一）法制化

我国的平面商业广告尽管发展道路曲折，但改革开放后获得了超常规发展，显示出强大的活力。现代新媒体时代下广告业作为朝阳产业而突飞猛进，出现了许多新特点和新趋势。

广告作为一种企业促销方式，在市场经济条件下，应该纳入法律规范轨道。我国政府通过立法加强了对广告的管理，从而达到规范平面商业广告健康发展的目的。企业的广告及广告代理商的业务活动都应严格遵循有关的法律规定，违反法律规定的广告，其主体必须承担法律责任。

（二）道德化

广告的道德化主要体现在其真实性与思想性上。就真实性而言，广告的生命在于真实。它必须实事求是，不可夸大，不可虚妄。《中华人民共和国广告法》规定：“广告不得以任何形式欺骗用户和消费者。”不真实的广告，不可能得到公众的信任，不仅会败坏广告的信誉，而且有损企业形象。就思想性而言，广告不仅是对商品、劳务的宣传，也是意识形态的反映。广告应有利于倡导良好的道德风尚与精神文明，要坚决查禁有颓废、色情、迷信等内容的广告。

（三）艺术化

广告作品既是一门学科，也是一门艺术。它是集美术装潢、摄影制作、表演造型和视听效果于一身的综合性使用艺术形式。一幅好的广告作品，应遵循真实性、思想性与艺术性相统一的原则，将有关商品和劳务的信息与艺术形式有机结合起来，给人以启迪，使人们在美的享受中得到教益与信息。

（四）科学化

广告是企业的一种有计划的促销活动。一方面，采用各种科学的调查方法和技术，为有效的广告活动提供科学依据；另一方面，由于电子信息对广告业的渗透，广告活动大规模地应用现代通信技术和计算机信息处理技术，使广告活动的整体策划技术得以普遍推广。

（五）专业化

由于广告在企业经营活动中的地位日益提高，广告业务得以从企业分离出来，成立专门的广告公司，或者由企业委托广告公司开展广告代理。各广告公司由于实现了专业化，更有利于为广告主提供完善的服务，也有利于提高广告的促销效果。此外，由于传播媒介多样化，广告形式不断创新，促使广告形式的多样化。现代广告不仅具有利用直接媒介传播的电视广告、广播广告、印刷刊物广告和邮寄广告等，而且有了许多新的广告形式，如实物馈赠等。同时，还通过展览会、博览会和各种具有广泛影响的集会，来开展大规模、综合性的广告活动，以扩大广告的影响。

参 考 文 献

[1] 宋鑫. 新媒体环境下的广告创意研究 [D]. 郑州：郑州大学，2011.

[2] 朱佳佳. 新媒体时代的微电影广告营销研究 [D]. 合肥：安徽大学，2012.

[3] 吴小玲. 新媒体时代户外广告的互动创意研究 [D]. 海口：海南大学，2012.

[4] 李名亮. 广告公司经营模式转型研究 [D]. 上海：上海大学，2014.

[5] 邓超明. 基于战略转型的广告企业发展研究 [D]. 武汉：武汉大学，2014.

[6] 薛莹莹. 新媒体时代动画广告的应用优势 [D]. 杭州：浙江工商大学，2013.

[7] 张傲. 移动互联时代我国广告公司演化研究 [D]. 合肥：安徽大学，2014.

[8] 宋若涛. 数字技术下广告的发展演进研究 [D]. 武汉：武汉大学，2014.

[9] 皇甫晓涛. 二十世纪美国广告创意观念的流变与价值研究 [D]. 上海：上海大学，2017.

[10] 杨嘉博. 新媒体时代电视发展的困境及对策研究 [D]. 长春：吉林大学，2017.

[11] 张旭. 新媒体时代背景下户外广告价值研究 [D]. 石家庄：河北师范大学，2017.

[12] 张鑫友. 新媒体时代《广告策划与设计》专业课程体系建设 [J]. 内蒙古师范大学学报（哲学社会科学版），2015，44（5）：158-159.

[13] 唐伟玉. 新媒体时代微博广告传播研究 [J]. 黑龙江畜牧兽医，2015（24）：5.

[14] 钟正武. 新媒体时代广告在企业形象建设中合理运营 [J]. 城市学刊，2015，36（4）：37-39.

[15] 舒霞燕. 新媒体时代下的广告创新模式 [J]. 西部广播电视，2015（20）：26-30.

[16] 吕一品. 新媒体时代公益广告创新研究 [J]. 艺术科技，2016，29（1）：286.

[17] 赵永立. 新媒体时代广告设计教学的改革研究 [J]. 学周刊，2016（13）：203-205.

[18] 陈卓勋. 新媒体时代广告设计的表现形式研究 [J]. 艺术教育，2016（3）：131.

[19] 陈铭. 新媒体时代广告课程教学的问题与改革研究 [J]. 大众文艺，2016（7）：242-243.

[20] 任娟. 新媒体时代广告学专业实践教学状况分析——基于对西亚斯广告学专业师生的调查 [J]. 采写编，2016（1）：241-243.

[21] 薛瑶瑶. 新媒体时代电视广告价值提升研究 [J]. 记者摇篮，2016（5）：9-10.

[22] 沈璐. 新媒体时代广告传播与营销分析 [J]. 品牌（下半月），2015（12）：14.

[23] 刘俊冉，崔波. 新媒体时代在建构主义指导下的广告史教学改革 [J]. 黑龙江畜牧兽医，2016（10）：234-235.

[24] 楚明钦. 新媒体时代中国广告人才培养本科教育创新探讨 [J]. 经济研究导刊，2016（13）：148-150.

[25] 汪新叶. 探析全媒体时代广告教育改革模式 [J]. 出版广角，2016（6）：80-82.

[26] 朵兰，闫占军. 新媒体时代广告设计教学的改革 [J]. 美术教育研究，2016（17）：141.

[27] 王战，秦恬恬. 新媒体时代广告传播的新特点 [J]. 新媒体研究，2016，2（17）：74-75.

[28] 卢炜. 新媒体时代下广告设计的创意展现 [J]. 新闻战线，2016（21）：119-121.

[29] 婉蓉. 新媒体时代广播电视行业广告创收措施探讨 [J]. 新媒体研究，2016，2（20）：67-68.

[30] 朱珉睿. 新媒体时代广告设计课程教学现状与改革 [J]. 广东蚕业，2017，51（8）：71-73.

[31] 朱建霞. 新媒体时代高校广告设计教学改革的趋势 [J]. 新闻爱好者，2017（12）：82-84.

[32] 孟茹. 联盟共治：西方新媒体出版中的广告自律探索 [J]. 中国出版，2017（22）：72-76.

[33] 张殿元. 融通、拓展及其影响：新媒体时代广告的公共性建构——基于哈伯马斯公共领域理论的分析 [J]. 新闻界，2017（11）：39-44.

[34] 张充. 新媒体时代我国传统电视媒体的广告价值分析 [J]. 视听，2017（11）：40-41.

[35] 郭颖. 新媒体时代广告设计教学的改革 [J]. 新闻界，2012（6）：73-76.

[36] 刘星河. 全媒体时代广告教育新模式建构 [J]. 中国广告，2012（2）：138-142.

[37] 本刊编辑部. 新媒体时代广告传播策略 [J]. 电子制作，2012（10）：3.

[38] 王作其. 新媒体时代广告设计教学改革研究 [J]. 美术教育研究，2013（24）：102.

图书在版编目（CIP）数据

新媒体广告创意与设计/魏星等主编．—合肥：合肥工业大学出版社，2019.10（2022.1重印）
ISBN 978-7-5650-4675-9

Ⅰ.①新… Ⅱ.①魏… Ⅲ.①传播媒介—广告 Ⅳ.①F713.8

中国版本图书馆CIP数据核字（2019）第246808号

新媒体广告创意与设计

主编 魏 星 李 庆 邓 东　　责任编辑 王 磊 张 慧

出 版	合肥工业大学出版社	版 次	2019年10月第1版
地 址	合肥市屯溪路193号	印 次	2022年1月第2次印刷
邮 编	230009	开 本	889毫米×1194毫米 1/16
电 话	艺术编辑部：0551-62903120	印 张	7
	市场营销部：0551-62903198	字 数	216千字
网 址	www.hfutpress.com.cn	印 刷	安徽联众印刷有限公司
E-mail	hfutpress@163.com	发 行	全国新华书店

ISBN 978-7-5650-4675-9　　定价：49.00元

如果有影响阅读的印装质量问题，请与出版社市场营销部联系调换。